Von der

Stille

will ich dir

erzählen

Bruno Dörig, geb. 1943, gründete nach Tätigkeiten als Lehrer, Redakteur und Mitarbeiter in einer Buchhandlung zusammen mit seiner Frau Vreni Dörig-Hug den noah-verlag in Oberegg/Schweiz. Er ist Autor zahlreicher spiritueller Publikationen und in der Erwachsenenbildung tätig. Zuletzt ist von Bruno Dörig im Verlag am Eschbach erschienen: Wurzelkraft. Ein Lesebuch zur Achtsamkeit, Eschbach/Markgräflerland 2000 (ISBN 3-88671-217-6).

Adresse: Schitterstr. 7a, CH-9413 Oberegg
Tel. (071) 891 40 41 • Fax (071) 891 44 41

Bruno Dörig

Von der Stille will ich dir erzählen

Berichte von einer ungewöhnlichen „Reise"

Eschbach

Bibliografische Information Der Deutschen Bibliothek
Die Deutsche Bibliothek verzeichnet diese Publikation in der
Deutschen Nationalbibliografie; detaillierte bibliografische Daten sind
im Internet über http://dnb.ddb.de abrufbar.

ISBN 3-88671-268-0

Im Alten Rathaus · Hauptstr. 37 · D-79427 Eschbach/Markgräflerland

Umschlagbild: Ulrike Schneiders, Breitbrunn/Chiemsee.
Gestaltung: Ulli Wunsch, Wehr.
Satz und Druck: B&K Offsetdruck GmbH, Ottersweier.
Verarbeitung: Großbuchbinderei Josef Spinner, Ottersweier.

Inhalt

Die Reise

Die Stille im Alltag

Die Stille – unterwegs

Die Stille nach innen

Die Stille in der Öffentlichkeit

Die Reise geht weiter

Jeder Mensch
hat seine ureigenste Stille
eine unsichtbar leise Dimension
der inneren Transformation

Maryse Bodé

Die Reise

Ich wollte herausfinden, wie Menschen die Stille erfahren, wenn sie sich ihr bewusst aussetzen, sich mit ihr auseinandersetzen. Dazu habe ich fünfzig Personen zu einer „Reise in das wenig erforschte Gebiet der Stille" eingeladen. Es waren mit wenigen Ausnahmen Frauen und Männer, die aktiv im Familien- und Berufsleben stehen. Mich interessierte, wie eine Begegnung mit der Stille in der alltäglichen Umgebung möglich wäre.

Wir haben uns zwar einmal zum Erfahrungsaustausch getroffen. Vor allem aber schrieben wir einander Briefe, hin und her. Als Anregung hatte ich einen kleinen Fragebogen verfasst (s. S. 101). Mit der Zeit ergab sich ein umfangreiches Dossier mit interessanten Beiträgen. Es wurde kopiert und wieder in Umlauf gebracht. Der Stein kam ins Rollen.

Das Dossier geriet auch in die Hände eines Rundfunkredakteurs. Er gestaltete auf dieser Grundlage eine viel beachtete Sendung, die insgesamt sechs Mal ausgestrahlt wurde. Mehrere hundert Briefe trafen ein. Viele verlangten das Manuskript, manche berichteten von eigenen Erfahrungen.

Es überraschte mich, dass Stille für so viele Menschen ein Thema ist. Ich war von meiner persönlichen Neugier ausgegangen und stellte dann eines Tages fest, dass es so etwas wie eine Stille-Bewegung gibt. Einige schlugen mir gar vor, einen „Stilleschutzbund" zu gründen. Ich habe keine Absichten, die in diese Richtung laufen. Aber die vielen Hinweise und die persönlichen Zeugnisse, die sich in meinem „Archiv der Stille" ansammeln, sind nicht mein persönlicher Besitz. Ich möchte sie wieder in die Öffentlichkeit hinaustragen. So kam es zur Idee für dieses Buch.

Die Veröffentlichung der hier versammelten Texte geschieht im Einverständnis mit den Autorinnen und Autoren. Mehr über sie kann man im Schlusskapitel erfahren.

Gelegentlich tauchte die Frage auf, ob es nicht sinnvoll wäre, den Begriff der Stille genau zu definieren. Hilfreich ist es, wenn wir drei Begriffe näher betrachten, die oft im gleichen Sinn verwendet werden, jedoch eine eigene Ausprägung haben. Es handelt sich um die Begriffe *Ruhe, Stille* und *Schweigen.*

Ruhe steht im Gegensatz zu Bewegung. Ich kann meinen Körper zur Ruhe bringen und still (bewegungslos) dasitzen oder liegen. Ruhe ist allerdings nicht nur eine Angelegenheit des Körpers, das wissen wir. Die innere Ruhe muss dazu kommen. Sie ist oft ein Geschenk. Das Schweigen kann ein Weg dazu sein. Wichtig ist es, dabei auf den Atem zu achten.

Stille wird als Gegenteil von Lärm verstanden. Die Akustiker definieren den Lärm als unerwünschten Schall. Auf dem Hintergrund dieser Umschreibung könnte man sagen, dass die Stille zu angenehmen leisen Tönen führt. Eine totale Absenz von Tönen ist kaum möglich. Und auch nicht wünschenswert. Wo Leben ist, gibt es ein akustisches Echo, z. B. im Atmen, in der Bewegung.

Stille darf nicht erzwungen werden. Druck und Zwang verhindern eine heilsame Begegnung mit der Stille. Im Beitrag auf S. 46 („Freiwillig") kommt dies sehr schön zum Ausdruck.

Schweigen meint die nach innen gekehrte Seite der Stille. Im Schweigen kommt die Fähigkeit des Horchens und Lauschens zum Zug. Das Schweigen hat einen Bezug zum Wort. Schweigen und Sprechen sind zwei Pole, die ein Ganzes bilden. Im Schweigen sind die Worte nicht abwesend. Sie „erholen" sich, damit sie ganz aus dem Schweigen heraus Kraft gewinnen.

Im Zusammenhang mit Ruhe und Stille ist oft von der *Mitte* die Rede. Im Schweigen suchen wir Zugang zu unserem inneren Raum. Einige nennen ihn Seele, andere sprechen von Herzmitte, vom göttlichen Kern oder von der schöpferischen Quelle in uns.

Romano Guardini schreibt: „Was diese Mitte ist, wäre nicht leicht zu sagen; aber jeder, der das Wort von sich selbst her spricht, weiss, was er damit meint: den Bezugspunkt nach innen hin; das, was macht, dass seine

Kräfte, seine Eigenschaften, seine Gesinnungen und Handlungen kein Durcheinander, sondern eine Einheit bilden." (in: Tugenden, Matthias Grünewald Verlag, Mainz 1987)

Das vorliegende Buch ist keine umfassende Arbeit zum Thema *Stille.* Es ist eine Art Reisebericht, der zu eigenen Erfahrungen einladen möchte.

Bruno Dörig

Von der Stille will ich dir erzählen

Von der Stille will ich dir erzählen, von der Stille – und zwar von der schönen, hellen, goldenen Stille, die dich wie ein warmes, weiches Tuch einhüllt und dich ein Gefühl vollkommener Ruhe und Geborgenheit erfahren lässt.

Von dieser Stille also will ich schreiben, nicht von der anderen, der schrecklichen, schwarzen Stille, in die du wie in ein tiefes Loch hinabstürzst, den steilen Abhang hinunterschlitterst, dir an den spitzen Steinen die Haut aufschürfst und blutest, hart aufschlägst auf dem kalten Grund und aufschreist ob soviel lähmenden Schweigens in diesem Dunkel. Doch nur das Echo deiner eigenen Stimme widerhallt in dir und dieser gleichbleibend schrille Ton, der dich durchbohrt wie ein Messer. Und du glaubst, daran zerbrechen zu müssen, an dieser Stille, dieser Stille voller Stacheln und Dornen, dieser dürren, ausgetrockneten, kahlen Stille, dieser Steinwüste in dir unter dunklem Himmel, an dem tausend Fragezeichen hängen. Wie die dich anstarren! Aber da ist keine Antwort …

Nein, nicht von dieser fürchterlichen Stille möchte ich dir erzählen, die andere ist es, die ich meine, die wunderschöne, sanfte, jene, die die Quelle in deinem Innern öffnet und feine Rinnsale frischen Lebenswassers durch deine Seelenlandschaft fließen lässt; jene, die Einsicht und Klarheit bringt. Gedanken, Ideen Kraft; jene, die beschwichtigt, zur Geduld mahnt, die Verletzungen kühlt und Wunden heilt: diese Stille meine ich. Dieses Los-lassen, dieses unendlich wohltuende Sich-fallen-lassen im Wissen um das Aufgefangen-werden. Gehalten-sein. Diese Stille ist sehr zart, du musst behutsam mit ihr umgehen. Du kannst sie weder herbeibefehlen, noch herbeischreien, nein: herbeiatmen kannst du sie allein, tief und ruhig herbeiatmen, voll und ganz in dich hineinatmen, sie in alle deine Räume strömen lassen. Und du merkst, dass sich auch jene ganz innerste, normalerweise verschlossene Türe in dir öffnet, sich auftut dieser wunderbaren Stille, die ich meine: du vertraust ihr, sie tut dir gut. Du tauchst in sie ein wie in ein wohligwarmes, duftendes Bad, das deine Haut sanft umspült, du lässt dich auf weiten Flügeln davontragen, mitten ins Sonnenland hinein. Du fühlst dich gut, froh und frei. Weitere Bilder kommen auf: kleine Glöckchen im Wind und deren zarter Klang, eine rot-samtene Rose, deren Duft dich betört, die Aussicht von einem hohen Berg, tief atmest du die klare Luft, du bist daheim. –

Nicht so in der anderen Stille, der mit den schroffen Felswänden, dem kalten Wind, den unheimlichen Schatten, die dir Angst machen, dich schaudern lassen. Es graut dir vor dieser dunklen Höhle, in der es kalt von den Wänden tropft und in der du so schrecklich allein bist. Allein! – Aber was erzähle ich dir da, das weißt du ja alles selbst, das kennst du nur zu gut! Wie oft hast du dir in dieser grauenvollen Stille die Stirn am kalten Fels blutig geschlagen, haben sich deine Finger in die vertrocknete Erde gekrallt, hast du geweint, geschrien, gefleht, dich gesehnt nach etwas, nach jemandem, nach Anlehnen-können, Verstanden-werden, nach Licht. Licht in deinem Herzen und nach Ruhe, einem sicheren, warmen Ort, wo du deine zitternde Seele in beide Arme nimmst, sie sanft hin- und herwiegst, ihr leise zärtliche Worte zuflüsterst, bis das Weinen verebbt und der Atem ruhig wird, ganz ruhig …

Und es kann sein – es kann tatsächlich sein –, dass du von der schlimmen, fürchterlichen, schrecklichen Stille hinüberfindest in die andere, die sanfte, dass der schrille, unerträgliche Ton ganz sachte übergeht in den weichen, tragenden Klang einer Flöte, dass sich inmitten all der Steine ein Weg auftut, ganz plötzlich erkennst du ihn. Und du findest hinaus aus der Enge, und weites Land liegt vor dir, dein Land, tief aufatmend schaust du darüber hinweg: Befreiung, Erlösung, Friede im Herzen. Und du siehst Wasser, klares Wasser in deine aufgesprungene Erde fließen, deine verdorrten Gärten werden getränkt, dein Brunnen füllt sich. Da wächst wieder etwas auf deinen Feldern, du spürst die Kraft von innen, die belebt: Leben, Hoffnung, Zuversicht, Begleitetsein … Ein übermütiger Wind bläst die grauen Wolken aus deinem Land und Sonne kommt über dich. Sonne kommt in dich und wärmt, goldener Kreis, der dich einhüllt, umgibt, sanft und doch fest, Vision und doch Wirklichkeit: eine goldene Kugel um dich, stärkend, schützend, behütend, vollkommene Harmonie …

Ja, von dieser Stille wollte ich dir erzählen, dieser strahlenden Lichtstille, diesem stillen Strahlenlicht in dir, das dich so unendlich weit wegtragen kann und dich dir doch so unendlich nahe bringt, diese gute, zärtliche, wunderbare Stille, in der du tiefe Erfüllung, in der du zu deiner Mitte findest. Und vor jenem, der dich aus der dunklen Stille in die helle Stille hinüberführt, sie dir schenkt, sie in dir drin erfahren lässt, immer wieder: vor jenem verneigst du dich in tiefer Demut und Dankbarkeit. Du hast den Saum des Ewigen berührt.

Claudia Murer-Rusterholz

Von innen her
horchen,
bis es zu dir
spricht.

Die Stille im Alltag

Schweigen

Gisela Dreher-Richels ist eine vielseitige Künstlerin. Sie widmet sich vor allem der bildenden Kunst und ist durch große Glasfenster in Kirchen und anderen öffentlichen Bauten bekannt geworden. In Situationen des Aufbrechens und Weggehens ist sie, aus innerer Notwendigkeit, zum Schreiben gekommen, ganz absichtslos. Sätze, verdichtete Formulierungen haben sich ergeben, manchmal richtig aufgedrängt, sagt sie im Vorwort eines ihrer Bücher. Man will es gerne glauben, wenn man den nebenstehenden Text liest. Man soll den Gedanken ein Nest bauen, ihnen Wärmekraft geben, sie bebrüten.

Die Autorin bringt in diesem Gedicht eine Seite der Stille zur Sprache, die selten in Betracht gezogen wird. Die Stille kann zum Ort werden, an dem wichtige Fragen, neue Ideen und ungewöhnliche Gedankengänge sich entfalten können. Bei einem französischen Autor habe ich den Satz gefunden: „Unsere Ideen suchen nicht ein Echo, sie suchen ein Nest."

Natürlich brauchen neue Ideen auch die kritische Auseinandersetzung mit anderen. Das ist ein wichtiger Teil des kreativen Prozesses. Aber manchmal braucht es eine große Portion Einsamkeit und Stille, damit etwas heranreifen kann.

Das Gedicht von Gisela Dreher-Richels hat meine Lebensgestaltung im Alltag sehr beeinflusst. Ich habe immer mehrere Ideen und Projekte im Kopf. Es sind tatsächlich oft „schwirrende Vögel". Beim Gehen in der Natur biete ich ihnen ein Nest an. In meinem Büro geht das nicht, zu vieles lenkt ab, muss erledigt werden. Aber im Wald, am Wasser, bei einem Baum wollen einige „Vögel" bleiben. Das Drumherum verstummt. Eine schöpferische Stille breitet sich aus.

Ganz stumm werden.

In die Stille sich einziehen
von innen her horchen
bis es zu dir spricht

und die innere Stimme spüren
die antwortet.

So
in Zwiegespräch kommen
und lernen.

Die schwirrenden Vögel der
Gedanken einfangen
ihnen Ruhe anbieten

lass ziehn die nicht bleiben wollen

aber denen
die Nest bauen
gib Wärmekraft.

Sie bebrüten dir deine Fragen.

Biet wieder und wieder
dein ruhiges Nest an
einmal

vielleicht

liegt darin
das Rund des Verstehens.

Gisela Dreher-Richels

Angenommen

Mitten in der Nacht bin ich nach einem wilden Traum aufgewacht. Ich setze mich ans Fenster. Es hat Nebel. Aus dem Tal steigt das leise, monotone Rauschen eines Baches. Auch die am nächsten stehenden schwarzen Baumwipfel ahnt man mehr als dass man sie sieht. Ich bin da irgendwo im Nichts. Bin ich wirklich? Ich scheine zu zerfließen, in der Stille aufzugehen, mich aufzulösen in und mit dem Nebel. Ich habe einmal gelesen, der Tod sei absolute Beziehungslosigkeit. Das ist mir ganz mächtig eingefahren, ich habe es wirklich begriffen. Manchmal überfällt mich dieses Gefühl der absoluten Beziehungslosigkeit mit aller Macht. Eigentlich müsste jetzt so ein Moment sein. Aber ich erfahre ihn ganz gegenteilig. Ich fühle mich in dieser Nacht, in diesem Nebel, irgendwo, ganz getragen, angenommen, integriert in diese Stille, bin ein Teil des Ganzen, fließe mit dem Nebel. Es gibt keine Grenzen mehr, keine Sehnsucht. Sie hat sich erfüllt im Augenblick des An- und Aufgenommenseins. Ich bin und bin nicht. Hier. Dort. Ich husche durch Träume. Lautlos. Glückseligkeit der Stille. Es ist Morgen.

Erst jetzt, beim Niederschreiben, stellt sich die Sehnsucht wieder ein. Die Sehnsucht, sich mitteilen zu können, zu dürfen …

E. H.

Frühmorgens

Ich schreibe diesen Brief nicht in der romantischen Abgeschiedenheit eines Tessiner Dorfes. Ich sitze zu Hause am Küchentisch, es ist früh am Morgen. Draußen ist es noch dunkel an diesem Märztag. Nur ein Lichtschimmer aus der nahen Fabrik dringt ans Fenster, die Frühschicht hat begonnen.

Ich mag diese Morgenstille in meiner gewohnten Umgebung. Ich sitze da, trinke die erste Tasse Kaffee und lasse es langsam Tag werden. Noch sitzt die Müdigkeit der Nacht in den Knochen. Ich gebe mir Zeit, im Körper wach zu werden, lausche in die Stille von Haus und Dorf, registriere die gewohnten Geräusche, das Ticken der Wanduhr, das Motorengeräusch des Kühlschranks. Noch habe ich das Radio mit den Nachrichten nicht eingeschaltet. Noch ist Zeit, bewusst und ohne Hektik in den Tag hineinzukommen. Noch verlangt niemand etwas von mir. Ich sehe den Tag wie ein Gefäß, das sich langsam füllt.

Auf sanfte Art ruft mich die Stille des Morgens in die Pflicht. Sie erinnert mich daran, dass jeder Tag Gabe und Aufgabe bereithält. Einiges ist vorgegeben, ich kann hineinschlüpfen wie in ein Kleid. Anderes liegt in meinem eigenen Ermessen. Ich kann heute zum Beispiel großzügig Lächeln verschenken.

Nichts Unmögliches wird heute von mir verlangt, der Tag muss kein Kunstwerk werden. Ich will ihn nicht ausbeuten, füge mich ein in den Rhythmus von Arbeit und Muße. So ergibt sich ein menschliches Maß für Tun und Lassen. Ich bekomme Lebenskraft für diesen Tag.

Mittlerweile dämmert es draußen, die Tagesgeräusche nehmen zu. Und mit dem zunehmenden Licht wächst die Lust, mit dem Tagewerk anzufangen.

Willkommen!

Stille ist die Quelle frischer Kräfte
das Klima, das mich heilt
die Sänfte, die mich trägt
und gleichzeitig
die Wiege neuer Gedanken

Stille lässt sich nirgendwo finden
ich muss ihr ein Willkommen bereiten
ganz nah bei mir
sie scheut zurück vor
Unrast, Krach und Zanken
Dämmerstunden aber liebt sie
die Wälder und das Meer
in deren Rauschen ist sie da
hab ich sie endlich aufgenommen
möcht ich sie sorgsam tragen
wie kostbares Gold auf Samt

Stille ist der Boden, der mich trägt
der Acker, auf dem der Same gedeiht
sie ist das Brot, nach dem mich hungert
die Schale, in die ich mich lege
und aus der ich reichlich empfange

C. S.-F.

Im Zug

Stille finde ich am ehesten im Zug, im Erstklass-Abteil, im Einzelsessel. Es sind nur ganz wenige Passagiere im Abteil, jeder für sich. Man lässt mich in Ruhe. Ich sitze da, ziehe die Schuhe aus, mache es mir bequem, trinke von Zeit zu Zeit einen Schluck Kaffee aus dem Becher, spüre das Rollen der Räder, höre das Summen des fahrenden Wagens, lasse die Landschaft an mir vorüberziehen. Ich sinniere. Gar nichts habe ich zu tun. Der Zug „arbeitet" für mich. Er strebt dem Ziel zu. Das weckt ein wohliges Gefühl. Es dispensiert mich von jeglichem Zwang zu einer Leistung.

Vielleicht ist Stille nicht ganz das richtige Wort für meinen Zustand. Ruhe, innere Ruhe trifft es eher. Wenn ich zu Hause sitze und es ganz still ist, erlebe ich die Stille eher als innere Unruhe. Die Bücher, die Küche, der Haushalt, die Aufgaben, das Fernsehgerät drängen mich zu Taten. Ich kann nur mit Mühe ganz still werden. Im Zug jedoch bin ich frei vom Gefühl, ich sollte eigentlich etwas tun. Das Rollen der Räder macht mich ruhig. Ich gebe mich dem Fahrgefühl hin. Ich lasse mich tragen, aufs Fahrziel zu. Für zwei oder drei Stunden bin ich versorgt, unbelastet, frei von Pflichten und Aufgaben. Ich warte, ich lebe, ich lasse geschehen. Ich fühle mich geborgen. Eine innere Stille kehrt in mich ein.

Hat Stille erfahren etwas zu tun mit dem Gefühl, sich auf ein Ziel hin zu bewegen? Kann ich nur still werden, wenn ich erfüllt bin von der Gewissheit, dass ich innerlich auf dem Weg bin, dass ich lebe, wachse, reife, ich-werde? Sind vielleicht mein Körper und meine Seele das Gefährt, das mich transportiert? Ich möchte noch mehr in der Gewissheit leben, dass ich Stunde für Stunde auf ein Ziel, mein Ziel hin fahre. Ich gebe mich dieser Fahrt hin, ganz locker, gelöst, still, aber aufmerksam, wach und erwartungsvoll. Still sein, ruhig sein heißt nicht passiv sein. „Es" fährt, „es" ist in Bewegung, „es" strebt auf ein Ziel zu.

Am Anfang und am Ende der Fahrt wird auch ganz äußerlich Aktivität sichtbar: Ich entscheide mich, zum Bahnhof zu gehen. Ich nehme den Weg unter die Füße und steige in den Wagen ein. Und am Ziel angekommen, führe ich aus, was ich dort zu tun beabsichtige.

Könnte es also sein, dass sich Stille nicht von selbst ergibt? Sie muss bewusst und aktiv eingeleitet werden. Und sie mündet wieder aus in Tätigkeit. Sie ist ein Element unseres Lebensrhythmus, wie einatmen und ausatmen, wachen und schlafen.

Vielleicht kann es mir mit der Zeit gelingen, auch zu Hause Stille und Ruhe zu finden. Es hängt von meinem Willen ab, „auf den Weg" zu gehen. Es kommt darauf an, ob ich mich für ein Ziel entscheide, mein Lebensziel: mich entfalten, werden, reifen, sein.

W. B.

Zweifel

Die Stille erforschen? Ich? Die Selbstzweifel sitzen tief unter der Oberfläche all meiner vernünftigen Überlegungen, wie gut und hilfreich Stille sein könnte. Tief in mir drinnen sitzt ein Teil von mir, der nicht so recht glauben will, dass da etwas „Tiefes" in mir steckt, das andere wirklich interessieren könnte. Die Angst, „wenn die anderen erst einmal hinter meine Kulisse blicken, werden sie schon merken, dass da nicht viel dahinter steckt..." Und vielleicht zweifle ich ja selbst daran, dass unter der Oberfläche allzu viel zu entdecken sei.

Die Weigerung, mich intensiver auf die Stille einzulassen, mag auch mit der Befürchtung verknüpft sein, auf die eigene Leere und die tiefe Einsamkeit zu stoßen. Zugleich lasse ich nie ganz davon ab, mich meiner eigenen Tiefe – versuchsweise – zu nähern.

Ebenso tief wie die Angst vor Einsamkeit sitzt da auch die Hoffnung, ja ein Vertrauen, doch aufgefangen und geborgen zu sein.

Dazu kommt noch etwas anderes. Es ist die aktive, extrovertierte Seite in mir, die nicht so recht der ruhigen, introvertierten und empfangenden Seite trauen will. Mein Denken ist schon lange von der Notwendigkeit einer größeren Verinnerlichung überzeugt. Dann gelingt es mir für ein paar Tage, in meinem Zimmer einen Ort der Stille zu schaffen. Schwierig wird es erst, wenn eine gewisse Regelmäßigkeit gefordert ist.

Im Zusammenhang mit dem Angebot an Meditations- und Entspannungstechniken kritisiere ich die Haltung: Alles ist machbar, du musst nur die richtige Technik wählen. Und alles ist zweckgerichtet. Wenn ich die Stille suche, um ein noch besserer Mensch zu werden, kann ich es gleich lassen.

Mich auf Stille einlassen hieße ja, mein Tun aus der Hand zu geben, ohne zu wissen, was mir geschenkt werden wird.

S. v. R.

Im Radiostudio

Zum ersten Mal bin ich eingeladen, einen Beitrag zum „Gedankenstrich" zu sprechen. Der kleine Aufnahmeraum hat nichts Gemütliches an sich. Hier wird gearbeitet, das merke ich schnell. Ich komme mir vor wie eingepackt in meterdicke Watteschichten. Meine Schritte, mein Räuspern, das Schließen der Türe geben kaum ein Echo. Schallschluckendes Material. Nur meine Stimme soll durchkommen, dank eines hochempfindlichen Mikrophons. Zum Glück gibt es ein Fenster, drei- oder vierfach verglast. Es ermöglicht wenigstens Blickkontakt mit der Außenwelt. Still ist es hier, aber angenehm ist diese Art der Stille nicht. Kalt und trocken fühlt sie sich an. Ich will das so schnell wie möglich hinter mich bringen. Es fehlt mir die Orientierung. Wenn ich mich im Haus oder auf der Straße bewege, führt mich nicht nur das Auge, sondern auch das Ohr. Vertraute Geräusche und

Töne, etwa das auffällige Schlurfen mit den Pantoffeln einer bestimmten Person oder die anfahrende Straßenbahn, geben mir Sicherheit. Jeder Mensch, jeder Raum, jede Tätigkeit ergibt ein akustisches „Bild“, in dem ich mich auskenne im Alltag. Hier im Studio fällt das alles weg. Hinter einer dicken Glasscheibe bewegen sich Aufnahmeleiter und Tontechniker wie in einem Stummfilm zu Chaplins Zeiten. Ich bin abgeschnitten von der übrigen Welt ... bis mir der Aufnahmeleiter mit seiner vertrauten Stimme über den Lautsprecher bekanntgibt, dass ich jetzt mit Sprechen beginnen könne.

Eindrücklicher hätte ich nicht erfahren können, dass die totale Abwesenheit von Tönen schrecklich, im letzten gar tödlich sein kann. Ohne Echo keine Orientierung. Ohne Reaktion auf mein Reden und Verhalten bin ich sozial am Ende, gestorben. Stille kann nicht allumfassend sein, zum Glück. Sie hat zu tun mit einem sorgsam und frei gewählten Umgang mit der tönenden Welt.

Anruf

Hallo, Urs am Telefon. Ich rufe an, weil ich kurz auf deine Anfrage antworten möchte. Es ehrt mich ja irgendwie, wenn du denkst, ich hätte eine besondere Beziehung zur Stille, aber ...

Das denke ich nicht. Ich habe dich eingeladen, einen bestimmten Lebensbereich mit Neugier zu erforschen. Das heißt noch lange nicht, dass du besondere Stille-Erfahrungen machen musst.

In der Lebensphase, in der ich jetzt stecke, ist alles andere wichtiger als die Stille.

Bist du da so sicher? Woher weißt du das?

Wenn dir das Wasser bis zum Hals steht, dann suchst du nicht die Stille. Du schwimmst, so gut du kannst, um ans Ufer zu kommen.

Ja, natürlich. Mit Stille kann man nicht Probleme lösen. Da hast du recht. Aber in der Stille kannst du vielleicht in eine Haltung kommen, die dir hilft, ein Problem zu lösen. Du wirst vielleicht gelassener. Stille schafft Abstand und gibt dir Zeit zum Nachdenken.

Entschuldige, Bruno. Ich mag solche Worte nicht mehr hören. Gelassenheit und Stille, was soll ich damit? Ich brauche ganz konkrete Hilfe, im Geschäft und in der Partnerschaft.

Klar, wenn du handfeste Probleme hast, musst du mit jemandem darüber reden. Da hilft Stille und Schweigen nicht weiter. Aber erinnerst du dich an die ersten Meditationskurse, die wir miteinander besuchten? Du hast mir damals sehr überzeugend dargelegt, wie wichtig für dich der Rückzug in die Stille sei.

Das war einmal. Damals waren wir jung, im Studium und ledig. Wir kannten doch das wahre Leben noch gar nicht.

Was ist denn das wahre Leben?

Gute Frage. Hör mal, um es kurz zu machen. Ich kann jetzt nicht mit dir auf diese „Reise" mitkommen. Ich kann mir den Luxus schlicht nicht leisten. Vielleicht später einmal, wenn ich aus dem Gröbsten heraus bin.

Stille ist nicht Luxus. Es ist ein notwendiges Gegenstück zum Lärm. Sie ist elementar, gehört zum Leben. Kann eine Wohltat für die Seele sein. So sehe ich es. Aber ich will dich ja nicht zur Stille „bekehren".

Ich muss jetzt Schluss machen. Vielleicht ergibt sich einmal die Möglichkeit für ein längeres Gespräch.

Meine Möglichkeiten

Stille reimt sich auf Wille. Stille erfahren ist ein Willensakt, nicht nur eine Frage der Umgebung. Es ist eine Frage der Bereitschaft, der Hinwendung zur Stille.

Stille und Lärm sind Gegensätze, die wir auch in uns finden:

Lärm, Lautstärke: nämlich Wut, Aggression, Ungeduld, Hass, Neid, Zerstörung, Verzweiflung, Rage, Unzufriedenheit, Revolte, Angst, Intoleranz.

Stille, das heißt Sanftmut, Geduld, Liebe, Hoffnung, Vergebung, Toleranz, Hingabe, Freude, Frieden, Offenheit.

Finden wir Zugang zum Lautstarken *und* Stillen in uns. Erfahren wir uns als Ganzes, grenzen Lärm und Stille nicht mehr so voneinander ab. Wir begegnen diesen Gegensätzen, diesen Polaritäten in uns und um uns mit viel mehr Toleranz. Wir werden dadurch als Menschen fähig, den Schrei unserer Seele, der jäh die Stille durchbricht, nicht als Lärm, sondern als einen Teil von uns auszuhalten.

Sicher werde ich immer – meinem Wesen gemäß – mehr das eine oder das andere lieben. Ich liebe den Tag mehr als die Nacht. Trotzdem: Ich bin in diesen Rhythmus, in diese Wechselwirkung hineingestellt:

Tag und Nacht,
Leben und Tod,
Ebbe und Flut,
Frost und Sommerzeit,
Brachzeit und Ernte,
Stille und Lärm.

Diese Gesetze kann ich nicht leugnen. Diese Erkenntnis verschafft mir den Blick für das eine und für das andere. Ich darf es einzeln und als Ganzes, zu mir Gehörendes sehen.

Aus dieser Perspektive heraus ist es mir vergönnt, selbst in der Hektik von Menschen, Lärm und Zeitdruck eine Oase der Stille zu finden:

im feinen Geschmack der Speisen,
im Spiel eines Kindes,
im Zauber einer Glasmurmel,
im Flug der Vögel,
im Geschenk der Zeit,
im Schnurren der Katze,
im Blick des Freundes,
in der Vielfalt der Sprache,
in der Gabe des Denkens.

Ich finde Stille in meinen Möglichkeiten, in ganz alltäglichen Dingen, die wir der Stille zuzuordnen verlernt haben, weil wir sie zu gering erachten.

A.E.

Am Tisch

Meistens beginnt unser gemeinsames Essen mit einem Lied, selten mit einem Gebet, immer öfter mit Stille. Wir sitzen am großen Tisch in der Küche, mit unseren beiden Jungs, meine Frau und ich.

Die Stille dauert kaum eine Minute lang, aber schafft etwas, was weder Singen noch Gebet in dieser Situation vermögen: ich schließe die Augen, eine kurze Begegnung mit mir, mit einem, der aus Unruhe und Hektik heimkommt. Ich spüre die Verspannungen im Gesicht, wie sie sich mit jedem Ausatmen lösen, nicht ganz, aber spürbar und wohltuend. Ich bin daheim, im Kreis meiner Familie, und bin zufrieden.

Meist ist es der jüngste, der wieder mit dem Sprechen anfängt, „Mama?", sagt er fragend, „Papa?", als wäre er unsicher, ob wir noch da sind, bei geschlossenen Augen, schweigend. Das Auftauchen aus der kurzen Einsamkeit zurück an den Tisch ist angenehm, ich seh in die Gesichter meiner Lieben, wir wünschen uns „Guten Appetit", und los gehts.

F. F.

Auf dem Heimweg

Zusammen mit einer Gruppe von Laien und Atemschülern habe ich eine ganz besondere Atemstunde erlebt, sozusagen eine Sternstunde. Beglückt und dankbar über die Erfahrung, Leib, Seele und Geist als Einheit in der Dreiheit erlebt zu haben, treten wir schweigend in die sternenklare Nacht hinaus. Das Schweigen verbindet uns mit einem unsichtbaren Band. Irgendwann stimmt jemand summend einen Abendkanon an, ganz leise und zart. Jedes von uns setzt zu seiner Zeit ein. Die Stille hat das Lied geboren und lässt es in sanfter Innigkeit erklingen ... Eine Stimme um die andere löst sich wieder ... und wir gehen schweigend weiter, dem Bahnhof zu.

E. S.-W.

Elisabeth

Eine Seminarwoche in den Bergen. Als Gegengewicht zur intensiven Kopfarbeit verordnen wir uns zweimal täglich eine halbe Stunde für Meditation, bestimmen einen Raum der Stille und richten ihn dafür ein. Aber die gute Absicht genügt nicht. Die Stille hat zwar einen Raum, aber sie blüht nicht auf, kommt nicht zum Leben. Zu heftig sind unsere Auseinandersetzungen, zu laut unsere Gespräche und Gelächter. Kopf und Herz sind noch besetzt, wenn wir in den Raum der Stille eintreten. Die verordnete Abwesenheit von Worten und Tönen genügt nicht, es fehlt ein Zwischenraum, der Herweg …

Nur wenn Elisabeth, die junge Frau aus dem Bergdorf, den Raum betritt, ahne ich etwas von der Kraft und Ausstrahlung der Stille. Elisabeth bringt sie mit, eine gewachsene, vielleicht erlittene Stille. Die Art, wie sie geht und spricht und isst, die bedächtigen Bewegungen, der klare, ruhige Blick auf Menschen und Dinge – die ganze Persönlichkeit. Elisabeth hat einen Hof von Stille um sich. Es ist so wohltuend, der Stille in Menschen zu begegnen.

Später, am Abend, zeigt uns Elisabeth ihren Talisman. Es ist eine kleine chinesische Kugel, die ganz leise Töne von sich gibt, wenn man sie bewegt.

Hausmusik

Feierabend. Ich suche eine stille Ecke im Haus. Ein vergebliches Bemühen. Wo immer ich mich hinsetze, erreichen mich Töne verschiedener Lautstärke, die ich jetzt nicht mag. Einer probiert seine neue Stereoanlage aus, ein anderer will unbedingt die Serie am Fernsehen verfolgen, und aus dem Radio in der Küche ertönen die Nachrichten. Verschiedene Programme, meines ist nicht dabei. Familienleben. Mein Rundgang in den Zimmern bringt nicht viel. Die Musik sei doch schön, so richtig entspannend. Was hat der bloß, sagt der Blick aus dem jungen Gesicht. Er hat seine Töne, seine Musik frei gewählt. Kein Problem für ihn. Es ist nicht das erste Mal, dass ich auf der Suche nach Stille auf das Problem der Freiheit (der Demokratie?) stoße. Wenn die Bundesbahn beschließt, in sämtlichen Zügen Musikberieselung aus den Lautsprechern zu bieten, als besondere Serviceleistung für den Kunden, dann muss ich mich fügen. Oder ich muss Gesinnungsfreunde in einem „Verein gegen die musikalische Berieselung der Eisenbahnwagen" sammeln und politisch kämpfen (mittlerweile nicht mehr nötig). Oder ich muss mir Pfropfen in die Ohren stopfen. Weglaufen kann ich nicht, ebensowenig wie beim Zahnarzt, der seit neuestem auch diese schreckliche Warenhausmusik ertönen lässt. Aber unser Haus, am Rand des Dorfes gelegen, hat eine Türe. Ich öffne sie, trete hinaus in die Kälte und Dunkelheit eines Winterabends . Und nach fünf Minuten bin ich draußen auf dem Feld, wo es ganz still ist. Ich atme tief durch. Als ich nach einer halben Stunde zurückkehre und mich auf die „Hausmusik" einstellen will, traue ich meinen Ohren nicht. Es ist mäuschenstill.

Im Kinderzimmer

So leise, wie es geht, öffne ich die Tür zum Kinderzimmer, trete auf Zehenspitzen zum Bettchen. Es schläft noch, das zweimonatige Kind, das ich hüten darf.

Die Stille, die von einem schlafenden Säugling ausgeht, ist etwas vom Schönsten und Berührendsten, was ich kenne. Es ist, als ob die Stille von sehr weit her komme. Vom Innern der Erde. Fällt das Kind mit seinem „Bewusstsein" nochmals zurück in die Zeit, als es im dunklen, schallgedämpften Bauch der Mutter war? In die Geborgenheit jener Zeit? Hat meine Suche nach der Stille damit zu tun, dass ich selbst neun Monate der Stille erlebt habe, bevor ich das Licht der Welt erblickte?

Leise, wie ich hereingeschlichen kam, gehe ich wieder zurück ins Wohnzimmer und lasse nachwirken. Für Momente ist die Lust auf Zerstreuung aller Art verflogen.

Etwas später schaue ich auf die Uhr. Die Mutter sollte bald zurücksein, zum *Stillen*. Da ist es wieder, das Wort. Haben die Wörter – Stillen und Stille – etwas miteinander zu tun?

Plötzlich

Vor dem Schlafengehen trete ich nochmals vor das Haus, in das ich mich für ein paar Tage zurückziehe. Der fast volle Mond leuchtet über die sanften Hügel des Appenzellerlandes. Es ist still um mich herum. Nur ein Heugebläse stört aus der Ferne. Ich spüre den warmen Atem unseres Hundes an meinem Bein.

Mein Leib und meine Seele rufen nach Stille. Noch purzeln Worte und ganze Sätze in meinem Kopf durcheinander. Wertende Urteile zermartern mein Hirn. Ich muss eine Arbeit schreiben, beginne mich zu verlieren in Wertungen und Zweifeln.

Plötzlich und ganz unvermutet stellt das Heugebläse ab. Die Stille breitet sich wie ein warmer Mantel über mich, ich werde bewegt bis in die Ur-Tiefen meines Wesenskerns. Ich kann loslassen! Meine Unruhe und meine Zweifel verabschieden sich von mir, und eine nährende Ruhe breitet sich in mir aus. Es ist gut.

E. S.-W.

Wie ein überwuchertes Geleise

hast du schon einmal gesehen wie stille gemacht wird
kennst du eine fabrik ein werkstatt ein atelier
wo stille hergestellt wird von hand oder maschinell
mir ist nichts dergleichen bekannt

die reise zur stille
wird von vielen hindernissen ständig gehemmt
so dass du nicht weißt ob du je ankommst
du wirst aufgehalten und in anspruch genommen
von den menschen ihren freuden und allerlei sorgen
du wirst abgelenkt von aufgaben deinen wünschen auch
und die stille muss warten

ohne umschweife zu sagen dass man allein sein will
zuzugeben dass man distanz und ruhe braucht
anzumelden dass man die stille sucht
fällt ja nicht immer leicht

ich bin so still weil ich es will
weil ich es liebe nachzudenken mich zu versenken
unendlich weite räume ganz für mich allein zu haben
für meine träume fern von logik oder brauchbarkeit

ich bin still wie ein überwuchertes geleise
wie ein bergwerk aus dem nichts mehr gefördert wird
nichts mehr wie früher herausgeholt und fortgebracht
da wird kein gold kein erz ans tageslicht geschafft
alles ist still und ich

alles ist still und still bin ich
wie ein verletztes und darum stillgelegtes glied
das man im spital vorübergehend seiner funktion enthoben
manchmal ist ein ganzer mensch stillgelegt
und in der stille kann dann alles passieren

mir fällt jedoch zu stille weiter ein
der galiläische see und die ruhe nach dem sturm
windstille heitere gelassenheit die menschen atmen auf
stille gemacht durch das bestimmte das wirksame wort
dasselbe wie das des schöpfers

P. S.

Morgenstille

Nicht alle mögen den Morgen, das weiß ich. Und doch bin ich der Meinung, dass ein großer Segen auf der Morgenstille liegt. Dämmerstunde. Übergangszeit. Aus der Dunkelheit bricht das Licht. Ein neuer Tag, eine neue Chance. Ich darf mich einlassen auf das, was der Tag für mich bereit hat. Vieles wird sein wie gestern, aber ich kann auch überrascht werden, wenn ich mich voller Achtsamkeit dem neuen Tag öffne.

Ich finde es sinnvoll, den Tagesanfang im Sinn eines Morgenrituals zu beginnen. Da sind die täglich gleich bleibenden Verrichtungen. Und vielleicht gehört ein besinnlicher Text, ein Morgengebet dazu. Oder ein paar Minuten der Stille. Die Morgenstille kann ein gutes Fundament für einen geglückten Tag bilden.

Als kleine Hilfe für mich und andere habe ich einen Text verfasst. Er kann zum festen Bestandteil des Morgenrituals werden: Für ein paar Minuten halte ich inne, lasse den Atem kommen und gehen, spreche den Text. Und beginne dann bewusst das Tagwerk.

den Tag verankern
in der Stille dieses Morgens

mit jedem Atemzug

den Tag annehmen
dankbar, wie ein Geschenk

Schale sein

den Tag bejahen, mitgestalten,
Neues wagen, auch Verrücktes

freudig

und versuchen,
die Verbindung zu behalten
mit der Stille des Morgens

Erfahren dürfen,
wie nach
und nach
alles Reissen, Zerren
und Lärmen
im Innern nachlässt…

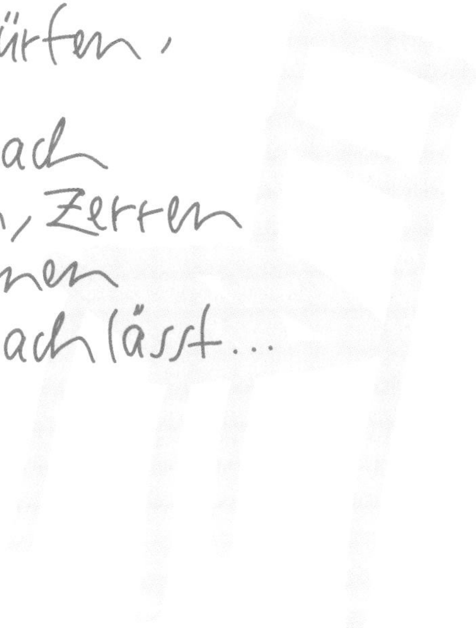

Die Stille – unterwegs

Stille Zeit

Maryse Bodé ist Dichterin. Sie versteht es, Momente der Stille mit Sprache „einzufangen", sorgfältig und zurückhaltend, mit Worten von großer Aussagekraft. Schön sind die Texte, voller Anmut und Leichtigkeit, auch da noch, wo sie Schweres ansprechen. Man muss die Texte laut lesen. Dann kommt das Kunstvolle zum Ausdruck. Wie beim Aquarell öffnet Maryse mit ein paar Pinselstrichen einen Raum der Achtsamkeit. Meine Sinne öffnen sich, das Licht berührt mich.

Die Gedichte von Maryse haben uns auf der Reise begleitet. Immer wieder durften wir in ihren Texten lesen, wie sie die Stille erfährt. Oder besser gesagt, wie oben angedeutet: wie sie die Türe zur Stille aufmacht.

Die Stille hat Geschwister: Die Leere, die Dunkelheit, die Farbe Weiß. Wir hätten es, so scheint es, gerne hell und bunt und alles im Überfluss. Wie gut, dass es den Winter gibt, die stille Jahreszeit, mit mehr Dunkelheit und mit dem weißen Schnee.

Das Gedicht von Maryse Bodé führt uns in die Brachzeit: jetzt still sein können, dass keiner das Heilige, das Heilende störe.

Jetzt
still sein können
dass keiner das Heilige störe
das Große im Raum
das uns
in unserer Verletzlichkeit
umfangen will
das Gold
das durch das Blau der Bäume fliegt

Jetzt
mit feinsten Netzen und Lichthänden
die zerbrechliche Wärme das Sommers
von außen nach innen holen
und wieder einmal
Haus der Sonne sein
Urquell des Lächelns
aus dem alles Leben steigt

und wissen
dass jetzt das Flüstern gilt
das Flamme-sein und Herzstern
in kalter Zeit

Maryse Bodé

Auf Reisen

Ich habe bewusst nichts zum Thema gelesen. Ich wollte abwarten, was sich aus mir heraus formuliert. Wie erlebe, empfinde, erleide *ich* die Stille?

Die Stille kann eine sehr feine, zerbrechliche, zarte bis überschwellende Leben spendende Kraft sein; wohltuend, heilsam, besänftigend, schöpferisch, befriedend – doch auch bedrückend, beunruhigend, beängstigend, erdrückend.

Ich erlebe eine innere Stille, wenn ich ohne Hetze, ohne Zwang und ohne Ablenkung annehmen, aufnehmen, in mich hineinnehmen kann. Ich komme zur seelischen Befriedung mit meinem Gott, mit den Menschen, im Ja zu mir; Wärme im Herzen und Heiterkeit aus diesem Stillemoment empfangend.

Es gibt auch eine äußere Stille: Abwesenheit störenden Lärms, Stimmen, Hektik und Zwänge wie Kälte, Hitze, Schmerzen. Es gilt also, den Weg zu finden durch äußere und innere Ablenkungen aller Art.

Ganz deutlich zeigt sich: das Einzige, das zwischen mir und meinem Ziel (in der Stille sein) steht, das bin ich selbst. Es fehlt mir oft die Geduld. Wenn ich die Stille *will*, begegne ich ihr kaum. Wenn ich sie nicht suche, überrascht sie mich oft wie ein unerwarteter Gast. Das kann in der Morgenfrühe sein, wenn das erste Licht des Tages über den Himmel zieht und der Raum, in dem ich mich befinde, noch friedvolle Nachtstille ausatmet. Es kann auch im Walde geschehen, wo das ewigzeitliche Rauschen der Baumwipfel eine sinnlich spürbare Ruhe schenkt und mich zu einer beglückenden Stille führt.

Ein ganz starkes Erleben war die Stille auf einer Reise in die Libysche Wüste – erfahren zu dürfen, wie nach und nach alles Reißen, Zerren und Lärmen im Inneren nachlässt... bis hin zu einer kristallklaren, stillen Wirklichkeit, die aus dem Inneren hervorbricht und zur Gewissheit wird. Es ist eine geistige Wirklichkeit, die ich nicht beschreiben kann. Die Wüste hat mich ganz nahe an sie herangebracht. Dieses tiefe Erlebnis hat mich geprägt. Es nährt mich noch immer in Zeiten, da es alles andere als still ist.

Dass ich mich wieder von dieser Wirklichkeit erreichen lassen kann, das lebt als Gewissheit und Sehnsucht in mir.

Ich habe in meinen Nachforschungen noch etwas anderes entdeckt. Mehr als einmal bin ich der Stille in Altstadtgassen begegnet. Wenn ich aus dem lärmigen Stadtverkehr komme und in eine tiefe Gasse zwischen Häuserwänden eintauche, erlebe ich Ruhe und Stille fast körperlich. Erfrischt und friedvoll verlasse ich diesen menschlichen Lebensraum.

Ich kenne auch die erlittene Stille. Sie tut weh. Es ist dumpf in mir und dunkel. Ich bin nicht empfänglich für das, was von außen auf mich zukommt. Und auch mit der schöpferischen Quelle in mir kann ich kaum Kontakt aufnehmen. Aus dieser Form der Stille, die viel mit Einsamkeit und Verlassenheit zu tun hat, möchte ich ausbrechen.

Auch die Stille am Krankenbett eines lieben Menschen lähmt mich, wenn ich nicht begreifen kann oder will, was da geschieht.

Für all das ist das lebendige Meer hier um mich herum ein gleichnishaftes Bild: das Meer hält in gewissen Momenten in seiner Bewegung inne, es hält gleichsam den Atem an, um dann mit gesammelter Kraft erneut aufzubrechen ... zum Urlebendigen des Fließens und Rauschens, des Abtragens und Vernichtens, des Sammelns, der Neugestaltung und des Beginns ...

D. A.

Kopenhagen

Im Sommerurlaub besuchten wir den Tivoli in Kopenhagen, einen großen Vergnügungspark mit allerlei mehr oder minder anspruchsvollen Attraktionen. Als wir uns in einem der Cafés eine kurze Pause gönnten, fiel mir eine alte Frau auf, die allein am Nachbartisch saß und gelegentlich an einer Tasse Kaffee nippte. Ihr Gesichtsausdruck stand im Kontrast zur

Unbeschwertheit der Umgebung. Ich schaute sie eine Weile an und stellte mir vor, dass sie verwitwet sei und an die Zeiten dächte, in denen sie mit ihrem Mann den Tivoli besuchte. Die Geräusche der Achterbahnen, Spielbuden und Musikkapellen hörte ich nur noch im Hintergrund und erlebte die Stille um diese Frau.

J. K.

In der Wüste

Man braucht nicht in die Wüste zu gehen, um Stille zu erleben, dazu ist der Aufwand zu groß. Stille kann man auch bei uns finden. Die Faszination der Wüste besteht für mich aber darin, dass sie oft ein optisches Gegenstück zur akustischen Stille darbietet: die Einförmigkeit. Kiesebene bis an den Horizont. Dünenrücken an Dünenrücken oder schwarzes Geröll, soweit man sieht. Diese Einförmigkeit lenkt nicht ab. Sie verdichtet die Stille.

Wir brechen früh am Morgen auf. Damit entrinnen wir dem Fliegenschwarm, der sich uns sonst unweigerlich angeschlossen hätte. Unser Ziel ist eine riesenhafte Dünenkette. Beim Aufstieg wechseln vom Wind hartgeblasene Hänge mit butterweichen Abschnitten ab, die uns außer Atem geraten lassen. Oben wird der Blick frei auf ein Meer von aufgetürmtem Sand. Es ist vollkommen still, kein Hauch eines Lüftchens. Es ist mir, wie wenn die Welt angehalten wäre. Dschubor, der junge Tuareg, beginnt leise zu singen, immer die gleiche Tonfolge, zu einer Melodienkette aneinandergereiht Musik, von dieser Landschaft geprägt.

Nächtliche Stille. Ich liege auf dem Erdboden, ein ruhiger, klarer Sternenhimmel über mir. Meine Augen fallen auf das Band der Milchstraße. Auf einmal bekommt sie Tiefe. Ich sehe die Milchstraße als das, was sie wirklich ist: eine riesige Scheibe, von der Seite gesehen. Sie befindet sich in langsamer Drehung, und ich mit ihr. Ich als Teil des Alls, durch den Geist Gottes in Bewegung gehalten.

H. S.

Manchmal

Manchmal nährt mich die Stille
und manchmal nervt mich die Stille.

Manchmal beflügelt mich die Stille
und manchmal lähmt mich die Stille.

Manchmal suche ich die Stille
und manchmal fliehe ich die Stille.

Manchmal entleert mich die Stille
und manchmal füllt mich die Stille.

Manchmal schmerzt mich die Stille
und immer wieder heilt mich Stille.

E. S.-W.

Energiequelle

In meiner Arbeit im heilpädagogischen und therapeutischen Bereich begegne ich oft Menschen, die, medizinisch betrachtet, funktionieren, aber für mich impulslos still stehen oder ihren unkoordinierten Körperrhythmen, Puls und Atem, Motorik und Sprache ausgeliefert sind. Wenn ich davon ausgehe, dass STILLE eine Lebens- oder gar eine Überlebensqualität ist, im Sinne von „zu einer belebbaren Ruhe kommen“, einer Energiequelle, dann muss ich in meinen Begegnungen handeln.

Wie kein anderes Mittel hilft mir da Musik: mit *Rhythmus* den Körper und die Zeit erfahren lassen. Mit *Klang* den Stimmungs- und Gefühlsraum beeinflussen. Die *Melodie* als Anregung, als Hilfe für Ausdruck nehmen. Die *Dynamik* als Kraft für Verwandlung einsetzen. Die *Form* als Begrenzung und Freiraum ausnützen.

Beinahe könnte es einen hindern, Musik überhaupt einzusetzen aus Respekt vor der ganzheitlichen Tiefenwirkung. Aber mit viel eigener und reflektierter Hör-Erfahrung mit Musik gelingt es, ausgewählte Dimensionen zu finden, die mir helfen, für mich in meiner Arbeit für andere Bedingungen für Stille zu schaffen: von der Unruhe zur Ruhe, vom Chaos zur Ordnung, vom Diffusen zum Klaren, vom Leblosen zum Belebenden.

Frau P. will seit Wochen nicht mehr aufstehen. Sie kann irgendwie nicht. Es hat mit ihrer Krankheitsgeschichte zu tun. Diese hier zu erzählen, führte zu weit. Jedenfalls fühlten sich alle Beteiligten hilflos, wie so oft. Frau P. ließ alles mit sich geschehen. Kein Anzeichen von Mithilfe. In meiner Hilflosigkeit greife ich zur Melodika, schiebe mich unters Bett von Frau P. und spiele auf dem Rücken liegend. Aus Liegetönen entwickle ich eine Melodie, rhythmisiere diese auf eine lüpfige Weise. Frau P. steigt aus dem Bett, lässt sich auf die Knie fallen, bückt sich und schaut verwundert unter ihr Bett. Sie wolle schauen, woher die Melodie komme, die ihr in den Rücken gefahren sei.

Die Blockierung ist aufgeweicht durch eine glücklichen Zufall. Es kann wieder eine Basis gefunden werden, gemeinsam mit allen Beteiligten Lebensalltag zu gestalten.

Mit Musik kann ich so einen Impuls, ein bisschen Würze, ein bisschen Leben, einen erfüllten Augenblick des Bei-sich-Seins, des Zu-sich-Kommens bewirken – in einer oft richtungslosen oder gar stillgestandenen Zeit, in einer vielleicht unerträglichen Stille.

O. S.

In der Kirche

Wenn ich in der nahen Stadt zu tun habe, ziehe ich mich gern für ein paar Minuten in die Kathedrale zurück und genieße die besondere Atmosphäre dieses weiten Raumes. Es ist nicht leicht, die Stille und die Würde in diesem Gotteshaus zu wahren. Denn es sind unzählige Besuchergruppen, die das barocke Kunstwerk besuchen. Die Verantwortlichen geben sich große Mühe, dafür zu sorgen, dass die Kirche ein Ort des Gebetes und der Meditation bleibt.

Besonders gern halte ich mich in der Abenddämmerung in der Kathedrale auf. So auch an einem Werktag im Januar. An einem Seitenaltar ist noch die Weihnachtskrippe aufgebaut. Eine Frau mit einem Kind steht schweigend davor. Ein paar wenige Männer und Frauen sitzen in den Bänken, weit und breit keine Touristen mit Fotoapparaten. Eine selten schöne, anrührende Stimmung ist im Raum, ganz nach innen führend.

Da kommen zwei ältere Herren herein. Nach Kniebeuge und Kreuzzeichen verweilen sie kurz in der Bank – und beginnen dann ein richtiges Palaver. Irgend etwas scheint ihnen nicht zu passen. Sie gestikulieren und entrüsten sich, in einer Lautstärke, die mehr als nur störend wirkt. Die zwei Männer scheinen kaum etwas von der besonderen Atmosphäre wahrzunehmen. Sie beachten auch nicht, dass andere Menschen im stillen Gebet verweilen. Ich unterstelle den Männern keine böse Absicht. Es ist einfach das Fehlen einer „Kultur der Stille“.

Ein Bekannter verriet mir, dass er gern und regelmäßig Kirchen besuche. Es sei der leere, hohe Raum, der ihn aufatmen lasse. Besonders liebe er das Halbdunkel der alten Kirchen.

Ein französischer Autor meint: „Ein leerer Raum genügt, um uns in einen Zustand zu versetzen, der uns eine andere Art von Aufnahmefähigkeit eröffnet.“

Freiwillig

Stille wird mir aufgedrängt
ich werde übersehen
nicht wahrgenommen
nicht ernst genommen
nicht gehört
ich werde ausgegrenzt
man zwingt mich zu schweigen.
Tödliche Stille.

Stille wähle ich freiwillig
ich schaue in die Tiefe
ich suche und nehme wahr
ich finde und nehme ernst
ich sehe, was mich bewegt
ich höre die Melodie meines Lebens
ein Zwiegespräch beginnt.
Lebendige Stille!

B. S.

Im Villenviertel

Der Bewohner einer alten, großen Villa auf dem St.Galler Rosenberg organisiert ein Jazzkonzert im klassischen Stil. Die Zeitungsredaktion beauftragt einen jungen Mitarbeiter, erfahren in Pop- und Rockveranstaltungen, mit der Berichterstattung. Das Jazzkonzert findet er passabel, die fehlenden Verstärker unverzeihlich. Den Schluss des Konzertes beschreibt er sinngemäss so: „Nach der Veranstaltung tritt man hinaus in ein vor sich hin dösendes Quartier, kein Motor, keine Stimme, kein Laut ist zu hören. Eine unerträgliche Stille. Die Redaktion fragt den jungen Mann, was er an der beschriebenen Ruhe eigentlich auszusetzen habe. Seine Antwort: „Stille ist so aristokratisch."

J. O.

Am See

Wenn ich mich zum Beispiel in Ruhe am Ufer eines Sees niederlasse, spüre ich, dass mein eigenes Leben als Teil aufgehoben ist in einer umfassenden Schöpfung. Im Ahnen des Größeren wird relativiert, was mich in meinem Alltag beunruhigt. Die Stille lässt mich einen Schritt zurücktreten von dem, was mich bedrängt, und lässt mich die wirkliche Bedeutung der Dinge wiedererkennen. Ich kann dann unterscheiden zwischen dem, was tatsächlich wichtig und dringlich ist, und dem Unbedeutenden, das sich mir als wichtig in den Vordergrund gestellt hat. Ich kann mein Tun neu ausrichten und mich entlasten vom Druck der bedrängenden Ansprüche.

Die Stille erinnert mich an mein Maß. Wie oft gerate ich in Versuchung, mehr zu arbeiten und mehr Verpflichtungen zu übernehmen, als ich eigentlich Zeit und Kraft habe. In der Stille kann mir klar werden, wo ich „maßlos“ geworden bin und wie ich mir die Zeitnot, den Stress oft selber einbrocke. Aus dieser Erkenntnis kann ich mein Leben neu ordnen, nicht nur in Bezug auf meinen Arbeitsstil.

Wenn ich der Stille Raum gebe, begegne ich zuerst meinem inneren „Lärm“, den vielen Gedanken, Gefühlen, Empfindungen. Oft braucht es ein geduldiges Warten, bis sich die inneren Wogen beruhigen können. Dabei erfahre ich, dass sich die Stille nicht mit Gewalt „machen“ lässt. Beim Still-werden geht es vielmehr darum, den inneren Griff zu lockern, loszulassen und sich einzuüben im Geschehen-lassen, im Empfangen.

Oft wird die Stille als das „Atemholen der Seele“ bezeichnet. Sie ist wohl Rückzug, aber nicht Flucht aus dem Alltag. Wie beim Atmen gehören beide Bewegungen zu unserem Leben: das Ausatmen, verglichen mit unserem Tätigsein, und auch das Einatmen. Atmen wir ständig aus, ersticken wir. Wir dürfen jedoch auch einatmen, aufatmen. Die Luft, der Geist, will sich uns schenken …

K. A.-K.

Lust auf Großstadt

Als ich begonnen habe, mich bewusst auf die Stille einzulassen, hatte ich hintereinander und ineinander verschiedene Bewusstseinszustände.

Zuerst habe ich mir vorgerechnet, dass die Stille gar nicht mein Problem ist; wir wohnen in einem alten, leider zum Abbruch bestimmten Bauernhaus. Wir leben ohne Television: Abends lesen wir meistens, und Lesen macht bekanntlich keinen Lärm. Wir wohnen auf einer Anhöhe, etwas abseits der Durchgangsstraße. Wenn uns gelegentlich der Verkehrslärm erreicht, reagieren wir empört, weil wir immer noch ausgiebig die Stille kennen.

Wir lieben diese Stille. Aber dann überkommt uns regelmäßig die Lust nach der Großstadt, nach Paris. (Allerdings wiederum in ein Hotel, im fünften Arrondissement, das fast so still liegt wie unser Haus auf dem Flüeli. Die Adresse rücken wir nicht heraus.) Die Stille kann uns gewiss zu uns selber bringen. Aber sie kann auch ärmlich machen im Geist. Friedrich Nietzsche schrieb dann denunziatorisch „von jener klugen kuhmäßigen Gemütsstille, Frömmigkeit und Landpfarrersanftmut, welche auf der Wiese liegt und dem Leben ernst und wiederkäuend zuschaut" (Die fröhliche Wissenschaft Nr. 351). Es gibt die Gefahr: dem Leben bloß zuzuschauen, sich in Stille vorzuenthalten und den energetischen Atem und den Blutstrom zu vergessen.

Es gibt nach einem reinen Andante den wichtigen Ausbruch in das Fortissimo und die dionysische Hexenjagd, die Böllerschüsse und das aufgekratzte Fest. Es gibt den wunderbaren „Lärm" der gehäuften Eindrücke. Aber natürlich: Das Herz darf nicht stumpf werden davon. Das ist eine ethische Maxime, die mir genügt.

Einen schwierigen Umgang habe ich mit dem Bombardement der täglichen Informationen. Ich möchte „Zeitgenosse" sein und durchschauen, was sich tut. Ich möchte keine Insel sein und mich nicht abschotten von den Hoffnungen und Leiden der Gegenwart. Und so überlasse ich mich oft der Neugier. Und wenn ich müde bin, lese ich dennoch weiter, weil Teilnahme an dem, was sich tut, zur Solidarität gehört. Aber dann vergesse ich plötzlich wieder so vieles von dem, was ich am Radio und in den Zeitungen aufgenommen habe. Die täglichen Informationen sind eben wirklich ein „Bombardement" – bei aller äußeren Lautlosigkeit ein sehr intensiver Lärm. Die täglichen Informationen kommen dann so gehäuft, dass sie auf mich niederprasseln und mich weit überfordern. Sie sind so disparat und heterogen, dass ich sie nicht mehr in meine gewachsene Lebenswelt einordnen kann, und dann lärmen sie in aller äußeren Stille in mir drin. Mag das die aufgegebene „postmoderne“ Lebenssituation sein, ich tue mich schwer, darin eine einigermaßen lebenswürdige Identität zu bewahren. Seit ich 10-jährig bin, seit den täglichen Meldungen zum Korea-Krieg, lese ich die Zeitung. Ich habe nun aber, seit ungefähr einem Monat, den Zwang aufgekündigt, täglich die Zeitung zu lesen. Ich lese die Zusammenfassung wichtiger Ereignisse auf einer Hinterseite der „Weltwoche“ – und wenige Happen, die mich noch anspringen. Ich erhoffe mir durch meine partielle Leseverweigerung mehr „Stille“ – einen Lebensraum, der eben das Herz nicht abstumpft und der die wichtigen Stimmen nicht auslöscht, sondern ihnen die angemessene Resonanz und Würde gibt.

Ich habe keine einheitliche Definition der Stille. Stille ist ein relatives Gut und muss deshalb einmal gefördert – oder aber auch aufgebrochen werden. Das laute „freche Maul“ ist immer noch Mangelware – aber es tönt auch nur dann, wenn es in einer Weise von Lebensmächtigkeit, biblisch: in der Exousia, Respekt und darum Stille herstellen kann. Die Grundhaltung der Stille und des Respekts nenne ich gerne „Sorgfalt“. Die Sorgfalt fördert das Lebendige. Sie muss getragen sein von einer existentiellen Gegenwärtigkeit. Ob nun mit wenig oder mit viel Dezibel.

R. M.

Ganz hinten im Tal

Ich sitze am warmen Ofen und nähe den Saum hinauf, den die Mädchen schon wieder heruntergerissen haben. Es ist so wohltuend still im Haus. Gedanken kommen und gehen. Das Bild der springenden, hüpfenden Mädchen auf dem Weg zur Kirche ist da vor mir, und es versöhnt mit dieser lästigen Arbeit. Ein Hauch von Sonntag dringt in den Alltag. Diese Arbeit hat mich heute auf der Ofenbank ein wenig zur Ruhe, zum Innehalten gezwungen, mir Gedanken und Bilder geschenkt, die mich reich machen.

In das Dunkel, in eine Wunde, in eine Rille des Alltags ist ein Samen gefallen – weiß Gott woher: Nun schieben sich die Wurzeln des kleinen Keims tief in die Erde. Der enge Spalt, der kaum Möglichkeit zur Entfaltung gibt, scheint kein Hindernis zu sein. Denn ein kraftvoller Trieb strebt dem Licht zu. Es ist völlig unwichtig, ob aus diesem Keim nun ein Nussbaum oder eine zarte Glockenblume wird.

Manchmal sind Gedanken, Ideen, die in mir aufgehen, kraftvoll und stark wie der Keimling eines Nussbaumes. Sie durchwachsen meinen Alltag und sind dennoch von ihm getragen. Sie geben mir neues Leben, lassen mich hinauswachsen, und die Alltagsarbeit macht sich wie von selbst.

Manchmal ist es nur ein zaghafter Keim, wie der einer Glockenblume, der schon lange im Dunkel verborgen lag, der mich sanft berührt, mich wieder Hoffnung ahnen lässt und in mir eine leise Melodie neu zum Schwingen bringt.

Winteralltag. Grau in Grau zeigt sich dieser Wintermorgen. Alle sind aus dem Haus, nur Anna-Katharina wickelt sich in meinen langen, weiten Rock, als würde dieser Tag auch ihr nicht gefallen. Der Gedanke wieder das zu tun, was ich gestern und den Tag zuvor schon gemacht habe, lähmt mich. Wie kann ich ausbrechen, ihn durchbrechen, diesen Wintertag?

Ich muss ihn aushalten, die Einsamkeit, die Stille ertragen und warten. Warten, bis es wieder kommt, das Leben in mir, das alles Alltägliche durchdringt, mitten im Alltag!

S. T.

Das Mindeste

An einem Nachmittag auf dem Friedhof Feldli, einem der zwei großen Friedhöfe der nahen Stadt. Auf 15 Uhr ist eine Beerdigung angesetzt. Der Tote, ein 85-jähriger Mann, gehört keiner Konfession an. Und weil auch keine Angehörigen bekannt sind, kümmert sich der Staat um eine Totenfeier. Wie die Orgel zu spielen anhebt, hat sich noch niemand in der Friedhofskapelle eingefunden. Auch später wird niemand erscheinen. Der Friedhofsbeamte stellt sich allein neben den Sarg und hält ein stilles Gedenken. Dann setzt wieder die Orgel ein. Die Feier ist vorbei.

„Ein stilles Gedenken findet für jeden Verstorbenen statt“, sagt der Zivilstandesbeamte, „auch wenn der Friedhofsbeamte mit dem Sarg allein ist. Das ist das Mindeste, was wir für einen Mitbürger tun können.“ Stille als letzte Ehrung – unser letztes Recht.

Alegria

Folgende Begebenheit habe ich nur erzählt bekommen. Sie gefällt mir aber so gut, dass ich sie häufig weitererzähle, und aufpassen muss, das ich nicht eines Tages daran glaube, sie selbst erlebt zu haben.

In der französischen Kommunität Taizé verbringen über einen großen Teil des Jahres viele, zumeist jüngere Menschen aus der ganzen Welt gemeinsam ein paar Tage oder Wochen ihres Lebens. In einem Sommer weilte dort auch ein Spanier, der alle Menschen begeistert mit den Worten „Alegria!“ – Freude – begrüßte. Nach ein paar Tagen war er im ganzen Lager bekannt, und wer ihn sah, hob die Hand und rief: „Alegria!“

An jedem Freitag wird in Taizé Stille gehalten, um der Kreuzigung Jesu Christi zu gedenken. An diesem Tag soll man, wenn überhaupt, nur das Nötigste reden. Als einige am Freitag den Spanier erblickten, riefen sie, wie an den Tagen zuvor, vergnügt „Alegria!“ zu ihm hinüber. Sofort kam er zu der Gruppe gerannt, mit dem Zeigefinger auf den Lippen, die „Pssst“ zischten. Als er bei ihnen angekommen war, zog er aus seiner Hosentasche einen großen Zettel, auf dem deutlich zu lesen stand: „Alegria!“

J. K.

Trost

Niemand weiß, was ein Mensch empfindet, wenn er im Stillen sitzt. Für den einen ist Stille etwas Schönes, Befreiendes, für den anderen etwas Trauriges, Bedrückendes.

Stille ist wie eine verlassene Landschaft, wie ein Hund, der nicht bellen kann, wie ein Blinder, der nicht sehen kann, wie ein verlassener Raum. Stille kann aber auch Einsamkeit, ja sogar Tod bedeuten.

Für manche ist Stille etwas Freundliches, etwas, wo man sich entspannen, erholen kann. Man kann sein Gewissen erforschen, nachdenken, träumen.

Für mich ist Stille etwas Erholsames nach einem anstrengenden Tag. Da kann ich noch einmal über alles nachdenken, was ich geleistet habe. Sie ist auch etwas Tröstendes, wenn mal etwas schief gegangen ist, denn wenn ich in Stille darüber nachdenke, habe ich Hoffnung, dass es das nächste Mal besser geht.

Ich glaube, dass in der heutigen lauten und erfolgshungrigen Welt jeder Mensch die Stille sucht und braucht, um sich zu erholen.

R., 12 Jahre

Tönende Postkarten

Ein Künstler, der sich ganz der tönenden Umwelt verschrieben hat, erzählt am Radio von seiner Arbeit. Er fängt mit hochsensiblen Geräten Töne auf, die er in seiner Umgebung oder an bestimmten ausgesuchten Orten findet. Diese Aufnahmen, die einen klaren zeitlichen Rahmen haben und in keiner Weise verfremdet werden, präsentiert er dann als „tönende Postkarten", mit genauen Angaben zu Ort und Zeit.

Wie wäre es, wenn wir von unseren Freunden und Bekannten keine Ansichtskarten bekämen, sondern tönende Postkarten? Ich stelle mir das sehr interessant vor. Würde sich unsere Wahrnehmung von einer Welt-Anschauung zu einer Welt-Anhörung verschieben? Wäre es denkbar, dass daraus eine neue Hörfähigkeit wachsen und sich bilden könnte, eine neue Empfänglichkeit für Musik, für die Stille?

Ich denke an die Forschungsergebnisse von Joachim-Ernst Berendt. Er hat nachgewiesen, wie wichtig das Hörorgan in den Religionen ist und spricht sogar vom „Tempel im Ohr". Ich ziehe daraus den folgenden Schluss: Wenn wir uns vermehrt um eine Welt-Anhörung bemühen, hätte nicht nur die Musik eine größere Chance, wirklich wahrgenommen zu werden, auch das Religiöse im Menschen könnte sich besser entfalten.

Hördiät

Ein Menüvorschlag

Entwickeln Sie eine neue Sensibilität gegenüber Ihrem Hörorgan und Ihrer akustischen Umwelt. Erobern Sie Ihr Mitbestimmungsrecht zurück, wenn es um Ihre Ohren geht. Entschlacken Sie als erstes Ihre Ohren und Ihr Gehör mit Hilfe der folgenden Hördiät.

1. Sie entscheiden, bei welchen Gelegenheiten Sie Musik hören möchten.

Sagen Sie dem Wirt, er soll die Musik ausschalten. Kaufen Sie dort ein, wo Sie nicht von Hintergrundmusik berieselt werden. Bitten Sie Ihre Bekannten während der gemütlichen Gesprächsrunde bei einem Glas Wein, die Musik im Hintergrund auszuschalten. Seien Sie ein Vorreiter in Sachen akustische Umweltverschmutzung und bewusstem Umgang mit Klang und Gehör.

2. Musikalisches Bewusstsein beginnt zuhause.

Missbrauchen Sie Ihre Designerstereoanlage oder den Fernseher nicht als Ersatz für Gesellschaft. Hören Sie bewusst Ihre Lieblingsmusik und schalten Sie danach Ihre HiFi-Anlage wieder aus. Genießen Sie zwischendurch die Stille, um das Hörerlebnis zu steigern. Musikalischer Fastfood ohne Nährwert gehört nicht in die Ohren des akustischen Feinschmeckers. Nach dem Motto „Weniger ist mehr".

3. Verbringen Sie einen Teil Ihres Tages in der Stille.

Stärken Sie die Empfindlichkeit Ihres Hörorgans. Gönnen Sie sich täglich ein Bad in der Stille von mindestens 15 bis 20 Minuten. Schließen Sie dabei Ihre Augen und visualisieren Sie sich an einen Ort der Stille. Entdecken Sie die Stille als Ort der Inspiration. Die Stille ist nicht ein Ort der Angst und Leere.

Nach wenigen Wochen werden Ihre Ohren viel differenzierter auf Hörereignisse reagieren. Sie werden aus der Stille heraus vertraute Musik, bekannte Stimmen, das Prasseln der Regentropfen in einer ganz neuen Dimension wieder entdecken.

4. Spielen Sie täglich auf einem Musikinstrument.

Anstatt Ihre Zeit mit Fingerübungen zu vergeuden, improvisieren Sie auf Ihrem Instrument. Unabhängig vom Grad Ihres Könnens. Wenn Sie kein Instrument haben, kaufen Sie sich eine kleine Trommel oder eine Flöte. Spielen Sie nur einzelne Töne. Hören Sie den Klängen nach und lassen Sie jede Schwingung zu einem Ereignis werden. Üben Sie das Zuhören und entdecken Sie die Schönheit des einen Tones.

Ein Cellospieler spielte auf seinem Instrument immer denselben Ton, stundenlang, jeden Tag. Darauf angesprochen, warum er immer den gleichen Ton spiele, gab er zur Antwort: „Andere suchen nach dem richtigen Ton, ich habe ihn gefunden."

5. Entwickeln Sie ein Gespür für gute Musik.

Gute Musik löst etwas aus. Achten Sie dabei auf Ihre Körpersignale. Beginnt sich Ihr Fuß im Rhythmus der Musik zu bewegen, fühlt sich der Körper angesprochen. Entwickeln sich innere Bilder, Gefühlsstimmungen und Phantasien, so können Sie davon ausgehen, dass sich Seele und Psyche von der Musik anregen lassen. Kaufen Sie keine Musik wegen dem schönen CD-Umschlag oder dem Namen des Interpreten oder Komponisten. Sie alle haben ihre starken und schwachen Momente in ihrer Karriere. Nicht alles, was unter dem Begriff Musik angeboten wird, erfüllt die Kriterien des Musikgenusses.

6. Machen Sie Musikhören zu einem Ritual.

Legen Sie sich bequem auf den Boden oder aufs Sofa. Zünden Sie eine Kerze an. Verbreiten Sie einen schönen Duft im Raum. Schließen Sie die Augen und lassen die ausgewählte Musik zu Ihren Ohren fließen. Wählen

Sie die Musikstücke bewusst aus. Etwas Beruhigendes nach einem stressigen Tag. Anregende Rhythmen, um wieder Energie zu tanken. Stellen Sie sich für den Notfall eine eigene auf Sie abgestimmte musikalische Hausapotheke zusammen.

7. Begleiten Sie Tätigkeiten mit Singen oder Summen.

Entdecken Sie Ihre eigene Stimme als Quelle von Ton und Musik. Begleiten Sie Ihre alltäglichen Rituale wie Duschen, Kochen und Arbeitsweg mit gesummten oder gesungenen Tönen. Werden Sie Mitglied in einem Chor. Gründen Sie ein Musikensemble oder eine Band, egal auf welchem Spielniveau. Hauptsache, es macht Spaß und Sie entdecken Ihre eigenen Fähigkeiten, Ihre akustische Umgebung zu gestalten.

8. Weichen Sie lauter Musik und Geräuschen aus.

Machen Sie Umwege um laute Musik und aufdringlicher Geräusche. Laute Musik macht schlapp. Scheuen Sie sich nicht, Ihre Ohren zuzuhalten, wenn das Quietschen der Zugräder an die Schmerzgrenze geht. Es können bleibende Schäden im Ohr verursacht werden. Laute Musik mit lauten Bässen nimmt einem mehr Energie, als die Musik gibt. Sie macht müde und schlapp. Darum wird laute Musik häufig zum Abreagieren benützt. Wenn Sie eine angestaute Wut abbauen möchten, kaufen Sie sich lieber einen Sandsack zum Dreinschlagen. Das ist effizienter und schont die Ohren.

N. H.

In der Mitte
eines Wirbelsturmes
bleibt es windstill.
In der Mitte
meines Lebens
empfängt mich
die Stille.

Die Stille nach innen

Arche Stille

Josua Boesch hat einen ungewöhnlichen Lebensweg. Er macht eine Lehre als Gold- und Silberschmied, holt die Matura nach, studiert Theologie, wird Pfarrer, übt diesen Beruf über zwanzig Jahre lang aus, mit großem Engagement und viel Charisma. Dann bricht die Sehnsucht nach einem kontemplativen Leben durch. Er verlässt Beruf und Familie und lebt als Eremit und Künstler in einem italienischen Kloster. Es wächst eine ganz eigene, ihm gemäße „arte contemplativa". Aus einem Leben in Stille und Einsamkeit entstehen Metall-Ikonen von großer Ausstrahlung.

Wir auf unserer Reise in die Stille hatten berufliche und familiäre Verpflichtungen, waren also weit entfernt von der eremitischen Lebensart des Josua Boesch. Und doch war es sehr wertvoll, dass seine Erfahrungen mit der Stille in unsere Überlegungen einfließen konnten. Dies geschah in gelegentlichen Begegnungen und vor allem in der Betrachtung der Metall-Ikonen, die durch Publikationen und Ausstellungen in die Öffentlichkeit kamen.

Ich bin sehr dankbar, dass Josua auch mit Worten beschrieben hat, vor allem in seinem Tagebuch, was es heißt, ganz aus der Stille heraus schöpferisch tätig zu sein. Auch wenn wir in ganz anderen Lebensumständen sind, so kann doch die Grundhaltung liebender Aufmerksamkeit auch für uns gelten.

Zu viele Bilder und Worte überschwemmen die Welt. Eine wahre Sintflut von Wörtern und Bildern. Wo ist die rettende Arche? Wo ist noch Raum für die Stille, in der Worte atmen und Bilder verweilen dürfen, urfrisch und urlebendig? Wo ist diese Arche?

In Menschen. In vielen Menschen, die Stille verbreiten. Heilende Stille und heilmachendes Schweigen. Die Stille ist auch da, wenn sie reden. Denn die Quelle des Wortes ist wieder bei ihnen, und auch die Quelle der Bilder. Urworte und Urbilder. Wer sind diese Menschen?

Die Suchenden sind es. Die fragen und suchen und nicht resignieren. Die leiden und doch nicht verzweifeln. Sie sagen nicht: „Man kann nichts machen, es war schon immer so." Sie fragen und suchen nach einem Ausweg. Mit aufmerksamen Ohren und wachen Augen.

Arte contemplativa: Schaffen aus der Stille, aber mehr noch aus einer inneren Präsenz, der eigenen und der eines anderen. Diese andere zuerst. Die macht dann die eigene Gegenwärtigkeit erst möglich, in der Gestalt liebender Aufmerksamkeit.

Arte contemplativa ist lebensverändernd, ein Weg, auf dem man unmerklich das eine und andere hinter sich hat, man kann nicht mehr zurück. Darum ist das Rad so bedeutsam. Man wird verwandelt, neu und transparent.

Schaffen aus der Stille ist nicht Rückzug aus der Welt. Im Gegenteil, die Welt ist noch drängender gegenwärtig, mit all den unverarbeiteten Problemen.

Würde mich jemand fragen, was mich am tiefsten beruhigt, ich antwortete ihm: Schönheit und Stille. Beide gehören für mich zusammen, denn Schönheit verbreitet Stille.

Josua Boesch

Mit Geduld

Mit der Stille verhält es sich wie mit allem, was aufblühen und lebensfähig werden soll: Es braucht Geduld und Pflege. Ich kann mich um einen Lebensstil bemühen, der die innere Bereitschaft zur Begegnung mit der Stille begünstigt. Ich weiß, dass gewisse Dinge von der Mitte weg in Richtung Stress und Betriebsamkeit führen. Andere Tätigkeiten weisen eine Spur nach innen. Ich weiß, dass etwa Brotbacken und Lesen und Schwimmen meine Empfänglichkeit für leise Töne und Stille fördern. Eine besondere Bedeutung hat das Gehen, der Spaziergang, die Wanderung hinaus in die Natur. Dabei ist sicher wichtig, dass wir etwas Distanz bekommen. Und dann tut der dem Menschen gemäße Rhythmus der eigenen Schritte ein übriges, ganz anders als die Fortbewegung mit Motor. Im Gehen gebe ich mir genügend Zeit, mich der Stille langsam zu nähern.

Abwarten

Eines Abends saß ich in der halbdunklen Hauskapelle und war einfach da. Keine großen Gefühle stiegen in mir auf, keine erhebenden Gedanken, keine frommen Gebete. Eigentlich wollte ich in mein Zimmer gehen – aber eine unbekannte Kraft hielt mich wie ein Magnet an meinem Platz fest. Und allmählich spürte ich, wie mich ein Gefühl der Geborgenheit umhüllte – und nach und nach ahnte ich immer mehr, dass dies etwas mit der Gegenwart Gottes zu tun haben muss …

Es war, als säße ich vor einem bewegten See und wartete darauf, bis er sich beruhigt. Zunächst fesselte mich noch die Bewegung, aber dann erwachte das Bedürfnis, die Windstille abzuwarten und den ruhenden See auf mich wirken zu lassen. Bislang fehlten mir Ausdauer und Geduld, bis zu diesem Moment auszuharren. Ich war zufrieden mit dem Spiel der Wellen, freute mich daran und wandte mich wieder anderen Dingen zu. Doch jetzt merkte ich, dass sich das Warten lohnt ... Und so kam tatsächlich der Augenblick, wo das Ziehen der Kreise und das Hin und Her der Wellen aufhörte, und in dieser absoluten Bewegungslosigkeit wurde das Wasser für mich zum Spiegel. Zum Spiegel, in dem ich mich selbst erkannte, in dem mir mein Ich zum Partner wurde. In diesem Zustand erlaubte mir der See aber auch Einblick in seine Tiefen. Ich entdeckte Geheimnisse, die mir bisher verborgen geblieben waren. Um vom Bild wieder in die Realsituation zu kommen: in dieser bisher nie erfahrenen Stille entwickelte sich ein wortloser Dialog zwischen meinem Schöpfer und mir, der mein ganzes Sein in neue Beziehungen hineinstellte. Bisher hatte ich zwar gewusst, dass unser Gott ein persönlicher Gott ist, aber erst jetzt hatte ich es erfahren ...

Dieses Eintreten in einen neuen Raum habe ich seither nur selten in dieser Intensität erlebt. Aber es hatte jedesmal die Bedeutung von Tabor-Erfahrungen, die in mir die große Gewissheit nähren, dass es im Leben mehr gibt als das vordergründig und oberflächlich Sichtbare, Greifbare – ja, dass dieses „Mehr" den Sinn des Lebens ausmacht. Allerdings kann ich es nur entdecken, wenn ich die Wellenbewegung des Alltags zur Ruhe kommen lasse, wenn ich still werde und die absolute Stille abwarten kann.

L. E.

Aufgeklebt

Aus dem Kloster trifft ein überraschender Beitrag ein. Eine Schwester, die ich gut kenne, erzählt von einer künstlichen Stille, die wenig Verbindung mit dem wirklichen Leben habe. Man könne sie mit einer aufgeklebten Tapete vergleichen. Es käme aber darauf an, in die eigene Tiefe hinab zu steigen, sich selbst zu erkennen, auch die negativen Seiten. Und das sei oft alles andere als beschaulich und angenehm. Man dürfe aber nie vor einer unbequemen Situation in die Stille fliehen.

In einem späteren Brief steht wörtlich: „Die Stille scheint mir immer weniger als begehrenswertes Ziel, sie ist für mich zweitrangig, vorläufig. Das Leben in Fülle ist uns verheißen, und Leben ist Bewegung. ‚Die Permanenz liegt im Fließen, nicht in der Statik', sagt Willigis Jäger. Stille, Ruhe erwecken in mir das Gefühl von Unbeweglichkeit. Alles, auch die Kontemplation, ist Bewegung. Nichts bleibt. Beständig ist nur das Fließen." Bedenkenswerte Worte. Dann bringt Monika die Sache auf den Punkt: „In Wirklichkeit ist im Kloster und anderswo das Silentium oft eine auferlegte Übung, weil eben das Sprechen, das Sichausdrücken, sogar das Schreien an der Reihe wäre."

Fast unerträglich

Jetzt, da es still geworden ist,
nun endlich still geworden ist um mich,
jetzt, da ich still geworden bin,
kein Bild im Kopf mehr, kein bewegender Gedanke,
jetzt, da der Atem regelmäßig fließt,
das Herz mit Pulsen Atemlängen ausgestaltet,
jetzt, da sie wohltun könnte,
die Stille,
tut sie es nicht.
Unheimlich ist die Stille,
geladen wie vor Sturm.
Aufgeschreckt warte ich auf ein Bild, das mich wegführt,
aus der Angst, der Atem und der Puls könnten still stehen,
jetzt, da es still geworden ist.

Beinahe unerträglich still:
Ich warte auf den nächsten Pulsschlag,
beobachte meinen Atem
und meine,
ein Ahnung von Totenstille packe mich.

O. S.

Tagebuchnotizen

Ein langer Weg. Unterwegs sein. Flucht aus dem verlegenen, hektischen Geplapper, aus dem grellen, schreienden Verlorensein des Sich-nichts-mehr-zu-sagen-habens in die Stille des Alleinseins, des Sich-wieder-findens. Schritte vorwärts, Fortschritte? Zurück. Warum gibt es keine Rückschritte? Warum heißt es dann Rück*fall* oder *Fehl*tritt? Ins verpönte Selbstmitleid z. B. Aber warum sollen mir immer nur die anderen Leid tun? Warum nicht auch ich mir, dass es so schreit in mir und ich die Stille nicht finden kann? Der Fernseher, der Abend für Abend läuft und mir durch seine Geräusche eine Mauer baut, die manchmal Stille aufkommen lässt. Oder verwechsle ich Stille mit Einsamkeit? Mit Egoismus oder gar mit Autismus? Welches Recht habe ich, mir die Stille zu erschließen (mich in sie zu flüchten?)? Ich möchte mich schützen vor den vielen Geräuschen, dem Stress, den Menschen und vor mir selber. Stille tut mir gut, wenn sie mit innerer Ruhe verbunden ist.

Ist Stille nur im Alleingang möglich? Manchmal glaube ich, dass wir uns alle danach sehnen, die Stille gemeinsam zu finden und darin aufzugehen und getröstet zu werden. Ist das ein Trug? Warum fällt mir gerade jetzt Getsemani ein?

E. H.

An der Grenze

Mein Persönlichkeitshaus steht auf Grenzland. Zwei Türen sind absolut unerlässlich. Die eine führt ins Land meiner Außenwelt von Hier und Jetzt. Die andere führt ins Land meiner Innenwelt, wo Raum und Zeit fließender sind und relativ. Eigentlich wäre die Stille gerne Bürger beider Welten. Doch mehrheitlich hat sie sich scheu in die Innenwelt zurückgezogen, weil sie außen wenig Raum und Zeit für sich vorfindet. Empfindsam wie sie nun mal ist, hat sie längst bemerkt, dass sie weder erwünscht, noch gesellschaftlich geachtet wäre.

Ich muss gestehen, dass ich ihr auch über Jahre meines Lebens hinweg wenig Beachtung und Aufmerksamkeit schenkte. Ja, es ging soweit, dass ich in meinem Persönlichkeitshaus die Türe zu meiner Innenwelt fast gar nicht mehr benutzte und vergaß, wie dort die Stille wohnt.

Es war ein einschneidendes Erlebnis, als die Tür zu meiner Innenwelt neu aufging. Ich lag damals in der psychiatrischen Klinik, eingewiesen mit schweren Depressionen. Infusionen hielten mich am Leben, schützten mich davor, mich selber umzubringen. Qualvoll war dieser Zustand und ist auch in der Erinnerung noch schlimm. Doch meine intensive Auseinandersetzung mit der Stille nahm damals ihren Anfang. Sie hält mich seither in Atem. Wie soll ich das erklären?

Da lag ich stundenlang am Infusionstropf, gedämpft für den Rest des Tages. Dumpf und wie weggetreten von der Welt erreichte kaum etwas meine Gefühle mehr als wie ein Schatten. Sogar der Schmerz über meinen Zustand, der Schmerz über die Trennung von meinen Kindern (damals 4-jährig der Ältere, 10 Monate die Kleine) wurde wie in Watte verpackt und stoßgedämpft. Trat doch einmal Trauer über das zubetonierte Flussbett meiner Gefühle und weinte ich zu laut, zu laut für die „Psychi", so kam jemand mit einem zusätzlichen Beruhigungsmittel. Es waren Tage und Wochen ohne Würze, fade wie ein salzloser Brei.

Auch äußerlich herrschte in der geschlossenen Abteilung meistens Ruhe. In Erinnerung sind mir gedämpfte Stimmen, huschende Schritte von

Schwestern, schleppende von Patientinnen. Frische Luft strömte spaltbreit durch die gesicherten Fenster. Besucher mussten vor der verschlossenen Glastüre warten, bis ich zu ihnen hinaus gelassen wurde.

Und doch, in dieser bleischweren Zeit gab es ab und zu eine seelische Erfahrung, die sich nicht wie Sinneseindrücke beschreiben lässt. Eine Wahrnehmung von Stille war in mir, die mit Worten nur schwer zu umfangen ist. Oft kam diese andere Stille zu mir auf Besuch, wenn ich den „Kanon" von Johann Pachelbel zum ungezählten Mal wieder abspielte.

Dann tat sich in meiner Seele spaltbreit jene Türe nach innen auf statt nach außen. War es Transzendenz, die dahinter aufleuchtete? Schmeckte ich etwas wie Ewigkeit? Tastete ich mich in neue Räume meiner Seele vor? Wovon wurde ich berührt? Ich erfuhr dabei einen Zustand von Getröstetsein, der mir unvergesslich bleibt. Die Erfahrung solcher Stille ist mir zum Ariadnefaden in meiner Hand geworden, an dem ich durch das Labyrinth meines Lebens den Heimweg suche. Umsonst hat mich die Stille nicht heimgesucht.

In meiner Alltagswelt mit ihren vielfältigen Aufgaben als Mutter, Hausfrau und Lehrerin von Erstklässlern, sehne ich mich oft nach mehr wohltuender Stille. Manchmal träume ich, wie es sein könnte, wenn die Stille auch in meiner Außenwelt mehr Wohnrecht hätte, sei es am Familientisch, im Schulzimmer oder beim Einkauf im Coop.

M. H.

Bei mir

Die elementarste Stille heißt:
auf mich selbst zurückgeworfen sein.
Kein Gespräch mehr, das klärt.
Keine Weisheit, die weiterführt.

Kein Erlebnis, das alles deutet.
Stille heißt:
zu meinem eigenen Kern zurückgeschält werden.
Da sein, wo ich mich selbst spüre.
Stille heißt:
es aushalten, dass ich die bin, die ich bin.
Oder:
mich freuen, dass ich die bin, die ich bin.
Auf jeden Fall – um mich ist Stille.
Nichts und niemand sagt, wer ich bin.
Ich bin, die ich bin.
Alles andere bleibt still.

Die Stille spüren.
In der Stille – mich spüren,
Platz gerade noch, vielleicht, für Gott.
Gott ist auch Stille.
Er ist.
Er prägt mich nicht.
Er ist, wer er ist.
Ich bin, die ich bin.
Gott in mir. In der Stille.
Auch ich göttlich.
Öffnung.
Keinen Schutz.
Auch Fehler in mir. Göttliche Menschen.
In der Stille.

N. B.

Uns anvertraut

Auf unseren Wanderungen in Südfrankreich besuchen wir jeweils die sehr schöne Kirche von St. Guilhelm-le-Désert, die an einer Nebenroute des Jakobusweges liegt. Beim letzten Mal ist mir ein Kartonschild aufgefallen, das beim Eingang der Kirche angebracht ist. Darauf steht zu lesen:

Gardez le silence
qui vous est confié.

Der Satz gefällt mir außerordentlich gut. Wir sollen die Stille hüten, die uns anvertraut ist. Demnach wäre uns ein Stück, fast hätte ich gesagt ein Quantum an Stille in die Obhut gegeben, zu dem wir Sorge tragen sollen. Vielleicht wie zu einem Talent, das uns in die Wiege gelegt wurde. Wenn ein Talent sich entfalten soll, braucht es Beachtung und Pflege. So ist es mit der Stille. Sie ist ein uns anvertrautes Geschenk – zu unserm Wohl! Es kann zerrinnen wie Sand zwischen den Fingern. Oder vom Samen zur blühenden Pflanze werden.

Beglückend

Dass in der Stille eine religiöse Dimension zum Tragen kommen kann, zeigt sich in einigen Beiträgen dieses Buches.

Ich habe den befreundeten Theologen Anton Rotzetter gebeten, uns seine Gedanken zur Stille mit auf den Weg zu geben. Das Wort Stille komme in der Bibel nur wenige Male vor, teilt er mit. Und beschreibt dann eindrücklich, wie zentral die Erzählung von der Stillung des Seesturms für gläubige Christen sei: Der schlafende Jesus im Schiff erwacht und gebietet dem Sturm Einhalt. „Und es trat völlige Stille ein“.

Wer möchte sich nicht hineinbergen in diese Stille, die von Gott ausgeht, der in Jesus lebt? So Anton Rotzetter in seinem Brief. Er scheut sich nicht, seine persönlichen Stilleerfahrungen mit Gott in Verbindung zu bringen:

Stille ist etwas Göttliches! Das zeigt ja schon die Erfahrung:

Ich liege am Strand, mitten unter Menschen, doch ich höre sie nicht oder allenfalls nur ganz ferne. Ich höre das rhythmische Rauschen des Meeres, die Wellen spülen alles weg, was mich nötigt. Ich bin da, ruhig und still, und koste die Tatsache, dass es nichts mehr gibt außer das Atmen meiner Seele. Die Zeit vergeht, spielt keine Rolle, nichts ist wichtig, einzig die Stille in mir und um mich herum. Aber warum verbinde ich die Stille mit dem Geheimnis des Meeres und der rauschenden Wellen?

Frischer Schnee ist gefallen, ich gehe durch die verschneite Landschaft, nichts ist zu hören als das Knirschen meiner eigenen Schritte, gelegentlich die Stimme eines Menschen in der Ferne oder auch das Hupen eines Autos, sonst nichts. Ich bin glücklich, spüre mich ganz und gar, nichts drängt auf mich ein, nichts nötigt mich von innen her. Ich bin einfach da und gehe. Soll mir jemand sagen, warum ich die Stille verbinde mit dem Geheimnis des neugefallenen Schnees!

Ich komme heim spät in der Nacht, ich rieche die frische Luft, nichts ist zu hören als das leise Rauschen des Windes, der durch den nahen Wald bläst, und da und dort ein Auto, und ich sehe die Lichter aus den Fenstern, in den Straßen, und einen vereinzelten Heimkehrer. Ich bleibe stehen, glücklich, atme in vollen Zügen die dunkle Nacht, und nichts stürmt auf mich ein, und nichts in mir quält mich. Ich bin einfach da und schaue. Soll mir jemand sagen, warum ich die Stille verbinde mit dem Geheimnis der Nacht!

Oder ich sitze auf meinem Stuhl, nichts ist zu hören: kein Telefon, keine Stimmen aus dem Radio, vielleicht höre ich draußen einen Vogel zwitschern oder eine Krähe krähen. Aber nichts stört mich um mich herum und nichts in mir. Ich sitze einfach da, zufrieden, eins mit mir. Soll mir jemand sagen, warum ich die Stille verbinde mit dem Geheimnis des Dasitzens! Wie immer: es ist herrlich, so innig bei sich zu sein, glücklich, zufrieden, gelassen, ruhig, einfach himmlisch, göttlich!

Gott will nichts anderes, als dass wir leben und unser Dasein feiern in seiner Gegenwart: das geglückte, gerettete, erlöste Dasein. Und jede Stille, die so beglückend erfahren wird, wie ich es eingangs beschrieben habe, ist das Hereinbrechen Gottes selbst in das stürmische Leben, ist Erfahrung des in Gott geglückten und erlösten Ichs.

Solche Stille ist alles andere als das Verstummen! Es ist die erlebte Zustimmung zu sich selbst und zu allem, was ist. Ist Jubel und Seele, ist das leibhafte Ja! Etwas, was sicher einmal unsere Zukunft ist, im Himmel, aber auch etwas, was uns immer wieder, in Augenblicken und Tagen geschenkt ist. Und es wäre schön, wenn wir solche Augenblicke und Tage auch als Paar, Familie, Gemeinschaft, Gesellschaft wieder erfahren könnten.

A. R.

Lebenskraft

Wenn ich still werde
die äußeren und inneren Stimmen abschalte
heimkehre zu mir
hinabsteige ins Dunkle
wandle im Ungewissen –
entdecke ich meinen lebendigen Urquell
werde ich erwartet und empfangen
von meiner schwarzen Urmutter
füllt mich die Kraft meines Lebens!

In der Mitte eines Wirbelsturmes
bleibt es windstill.
In der Mitte meines Lebens
empfängt mich die Stille.

B. S.

Was noch fehlte

Ich habe die Radiosendung „Reise in die Stille“ gehört. Es hat mich sehr berührt, mit wie viel Sorgfalt die Texte gesprochen wurden, ganz aus der Stille heraus, ohne das Geplätscher einer Hintergrundmusik. Eine schöne, gepflegte Sprache ist wie der erste Schritt in Richtung Stille. Auf jeden Fall gehören Stille und Schönheit zusammen.

Aber ich schreibe Ihnen, weil mich etwas anderes beschäftigt. Wenn ich die Stille suche und manchmal auch finde, die innere Stille, dann kommt alles hoch, was mich bedrängt und ängstigt. In dieser Not hätte ich gern ein Gegenüber, einen Gesprächspartner. Wenn ich immer nur um mich selbst kreise, wird die Stillezeit nicht nur unangenehm, sie zieht mich in ein dunkles Loch. Ich finde, man sollte diese Seite der Stille auch erwähnen.

Ich habe in den Lebenserinnerungen von Jörg Zink, („Sieh nach den Sternen – gib acht auf die Gassen“, Kreuz Verlag, Stuttgart, 1992) eine sehr schöne Stelle gefunden, die wunderbar auf diese Situation passt. Er schreibt: „Eine Stille, der auf die Dauer unsere Liebe gehören kann, schließt immer etwas ein, das mehr ist als wir selbst. Ein Gespräch mit einem Du. Sie bringt ein Wort oder ein Zeichen einer anderen Welt. Ein Zeichen, an dem abzulesen oder abzutasten ist, was der Sinn all der Bedrängnis ist, deren wir uns zu erwehren haben. Was das alles soll. Wo es hinaus will. Ob es einen Ausweg gibt, einen Durchbruch, eine Befreiung. Ob nach der Finsternis noch einmal ein Tag kommt, ob etwas von Liebe in allem ist oder nur ein dummes, einfallsloses Schicksal. Ob einer ist, der die Stimme der Angst hört."

Ich weiß, dass das für viele zu religiös klingt. Aber es muss doch gesagt sein. Wir sind nun mal Wesen, die an sich selbst nicht genug haben, sondern Sinn in einer transzendenten Ordnung suchen. Und Bejahung und Anerkennung von einem persönlichen Gott. Das hat mir in Ihrer Sendung noch gefehlt.

Armin

Sehr engagiert und feinfühlig erlebten wir Armin auf unserer „Reise in das wenig erforschte Gebiet der Stille". Er wies immer wieder darauf hin, wie wichtig Schweigen und Stille im Gespräch seien. In seiner Arbeit als Psychotherapeut sei ihm dies von großer Bedeutung. Dabei habe er ganz verschiedene Formen von Stille kennengelernt, die ganz erfüllte, beglückende nach einem Durchbruch im Gespräch und die sehr bedrückende, schwarze Stille, wenn jemand hätte reden wollen, aber der Mut zum ersten Wort fehlte ...

Und dann ist Armin schwer krank geworden. Vor seinem Tod berichtete er uns von seinem Aufenthalt im Spital und im Kurhaus. Es fällt ihm schwer, passiv und in seiner Wahrnehmung ganz stark eingeschränkt zu sein, er zieht sich ins Denken zurück. Er schreibt:

Denken kannst du immer! Das ist das Gescheiteste, womit du die Zeit nutzen kannst! Und so denke ich – nein: es denkt in mir, wie ein eben eingeschaltetes Motörchen, lauter „wichtige" Dinge natürlich: wem ich morgen schreiben will – wo ich mit meinem Besuch hinfahren könnte – und so weiter, und so fort... Das geht eine Weile so, ganz von selber, bis ich merke: Denken ist jetzt überhaupt nicht gescheit, schon gar nicht nützlich. Während ich daliege, kann ich gar nichts vorwegnehmen oder wirklich erledigen. Ich werde bloß zunehmend gespannter, gereizt und nervös. Der Schlaf flieht mich immer mehr. Es hat keinen Sinn, ich muss das Motörchen abstellen, das Denken stoppen!

Aber: was wird sein, wenn ich nicht einmal mehr denke? Einfach nichts!? Angst packt mich vor diesem „Nichts". Und doch bleibt mir gar nichts anderes übrig. – So lasse ich mich auf diese sonderbare Leere ein. Die sonst pausenlose „Hintergrundmusik" ist verstummt. Das ist so ungewohnt, dieses Fehlen des „Etwas". Es dauert eine ganze Weile, bis ich anfange, die „Stille" zu „hören". Sie ist kein „Nichts" mehr. Sie lässt mich vieles wahrnehmen, was mir lange verdeckt war. Ich spüre, wie mein Körper sich hebt und senkt, und während ich mich auf die ruhigen Wellen meines Atmens einlasse, werde ich immer ruhiger und stiller. Nun meldet sich das Pochen meines Herzens, erst in der Brust, dann immer weiter und breiter an vielen Stellen meines Körpers, wie Schritte, die mich ständig begleiten – ein sehr verlässlicher Rhythmus. Ich lausche aufmerksam auf ihn, und die Zeit wird mir darob nicht lange. Immer mehr taucht nun am inneren Horizont meine Schwere auf, mit der ich hier liege, spürbar vom Kopf bis zu den Fersen, das Gewicht meiner Glieder zuverlässig von der Matratze getragen. Merkwürdig, wie viel Sicherheit das gibt! Alle Spannungen fließen von selber weg, ich lasse mich los. Unmerklich entschwebe ich in nebligen Dämmer ... Tiefer Schlaf nimmt mich für Stunden auf, bis er mich in den neuen Tag entlässt: ruhig, klar und erfrischt.

H. B-L.

Die kleinste Zelle

In letzter Zeit sind verschiedentlich Bücher erschienen, die zu Orten der Stille führen. Ein besorgter Mann schrieb mir, es sei nicht gut, solche Führer zu verfassen. Denn es werde leicht touristisch und lenke ab von der Tatsache, dass der wichtigste Ort der Stille das eigene Herz sei. Wer die Erfahrung der Stille von äußeren Gegebenheiten abhängig machte, sei auf dem Holzweg. Es gehe darum, Stille (und Leere) bei sich selber zu suchen und auszuhalten.

Dieser Brief hat vieles ausgelöst. Ich finde es wichtig, Orte zu kennen, die mir den Zugang in mein Inneres erleichtern. Als sinnliche Wesen können wir uns von der Schönheit und der Ausstrahlung eines Ortes berühren lassen. Und dass es Orte der Kraft gibt, ist außer Zweifel. Ich habe im eigenen Haus einen solchen Kraftplatz und mehr als einen in der Natur. Ich verweile regelmäßig an diesen Orten, und das hat auch mit der guten Wirkung von Ritualen zu tun.

Nun kommt das große Aber. Es stimmt natürlich, dass sich die innere Stille nicht von selbst einstellt, wenn man einen Ort der Stille aufsucht. Ich habe einmal gelesen, dass die kleinste Klosterzelle das eigene Innere sei. Und da könne und dürfe man einkehren, wo immer man sich aufhalte.

Nun ist es allerdings nicht so einfach, den Weg nach innen zu finden. Viele Kräfte ziehen nach außen. Es braucht Einübung und Geduld. Und eine gute Vorstellung vom „inneren Raum".

Bei manchen spirituellen Autoren kann man dazu hilfreiche Gedanken finden.

Im Buch „Entdecke das Wunder, das du bist" (Kreuz Verlag, Stuttgart 1987) widmet *Ulrich Schaffer* ein Kapitel dem Innenraum, in dem es auch Schrecken und Verzweiflung gebe. Und Einsamkeit. Es sei aber auch ein heiliger Raum, auf den wir uns zurückziehen können, wenn wir um ihn wissen und ihn ernst nehmen. Er ist unantastbar, und jeder Versuch, ihn für etwas anderes zu benutzen, ist eine Art Verunreinigung, die aber nur noch wenige merken. Es ist der Raum des Staunens. Da, wo ich ich bin und du du bist.

Nirgends sind wir so wir selbst wie dort. Es ist der Raum der Kraft. Dort ist die Energiequelle der Person. Es ist das Heiligtum der Person.

Wer bei sich selbst daheim sein könne, erfahre Heimat überall, schreibt *Anselm Grün.* Im Rückzug auf den inneren Raum der Stille kann ich frei werden, kommt die Verbundenheit mit dem göttlichen Kern in uns zum Tragen. Ich bin also in diesem Innenraum nicht allein. Es kann keiner aushalten, nur mit sich selbst konfrontiert zu sein. Wenn ich immer nur meinen Mängeln und Schwächen gegenüber stehe, kann ich mich nicht entfalten. Wenn ich mich in der Stille dem tragenden Grund übergeben kann, dann erstarke ich. Dann erfahre ich in mir einen Raum, der Heimat gibt. In ihm ist Helle und Wärme, Schutz und Geborgenheit. Sie wurzeln im Geheimnis des anwesenden Gottes, der Liebe ist.

Eine Leserin aus Norddeutschland berichtet uns eindrücklich, wie sie beim Gestalten eines Kreisbildes den inneren Raum entdeckt:

„Es ist ein Ort leiser Töne. Ein Ort, fern jeder Hast, Unruhe, Bedrängnis, Bedrohung, Bedrückung. Es ist ein Ort der Ruhe, auch der zarten, stillen und tiefen Liebe, wo das sein darf, was in mir ist.

Viel besser noch gefällt mir der Gedanke, dass in diesem kostbaren Raum auch alles Wortlose, Sprachlose Platz hat. Besser muss ich sagen, das scheinbar Wortlose. Denn der Raum in mir hat mehr Sprache als jedes gesprochene Wort. Hier gilt eine andere Sprache. Hier muss ich nicht nach Worten suchen, um etwas zu sagen. Hier geschieht ES – und ich kann es wahrnehmen in einer neuen Form. Der Raum in mir ist ein geschützter Raum, ein wachsender Raum. Er besteht aus Festem und aus Werdendem, wobei das Werdende im Festen geborgen ist. Der Raum in mir ist ein Ort, an dem ich fliegen kann."

Der Rückzug in mein Inneres ist nicht immer in gleicher Weise möglich. Aber wenn es mir gelingt, die Tür zu diesem Raum aufzustoßen und hineinzugehen, ändert sich etwas. Die Gewichte verschieben sich. Das Tagesgeschäft tritt in den Hintergrund, die Sorgen und Ängste werden zu einem kleinen Punkt in einem größeren Ganzen. Ich atme auf und es wird weit in diesem Raum. Er hat etwas Heilendes, er kann zum Heiligtum der Person werden, wie Ulrich Schaffer schreibt. Bei allen schönen Worten ist aber Ehrlichkeit am Platz. An vielen Tagen gelingt es mir nicht, die Tür zu diesem Innenraum aufzustoßen. Aber ich weiß jederzeit, dass es diese Tür gibt.

Langsamkeit, eine gute Helferin

In pädagogischen Blättern und katechetischen Publikationen gibt es unzählige Anleitungen und Übungen zur Stille. Es ist erfreulich, dass viele Lehrerinnen und Lehrer den Kindern Erfahrungen mit der Stille vermitteln wollen. Aber man darf nicht vergessen, dass erfüllte Stille nicht mit methodischen Tricks herbeigeführt werden kann. Sie ist ein Geschenk. Wichtig ist eine Feinfühligkeit für Stimmungen, für gute Momente im Zusammensein mit Menschen. Da kann es sein, dass erfüllte Stille da ist, wenn sie niemand erwartet hat.

Auf dem Lebenshilfe-Markt gibt es unzählige Techniken und Anleitungen zum Glück. Einschlägige Bücher werden gekauft, Seminare werden besucht, Vorträge von Glückbringern finden großen Zulauf. Man kann es gut verstehen. Wer möchte nicht glücklich sein. Oft steht dahinter die Idee, dass alles machbar sei, wenn man nur die richtige Methode wähle. Das kann verheerend sein, gerade auch im Hinblick auf die Stille. Man kann in Kursen vieles lernen, was mit Entspannung, mit Atmen, mit Achtsamkeit zu tun hat. Aber die beglückende Begegnung mit der Stille ist und bleibt meiner Ansicht nach ein Geschenk.

Bei Robert Walser kann man den etwas verrückten Satz lesen: „Ich bin überzeugt, dass wir viel zu langsam sind." Der Satz passt überhaupt nicht in unsere Zeit. Aber es steckt viel Weisheit in ihm.

Wenn ich spüre, dass ich nur schwer Zugang zur Stille finde, dann versuche ich, langsam zu tun, was ich ohnehin tun muss. Besonders wohltuend ist das langsame Gehen, auch das langsame Essen. Ich weiß, das ist schneller gesagt als getan. Aber das ist ein ganz praktischer Ratschlag, der in kleinen Schritten im Alltag umgesetzt werden kann: Ein paar Minuten leben wie in Zeitlupe!

Heute erzählt mir eine Frau im Betagtenheim. „Wissen Sie, in meinem Alter wird alles langsamer. Mir kommt es vor, wie wenn alles im Zeitlupentempo geht. Aber es ist eben das Tempo, in dem ich noch mitkomme." Sie erzählt mir dann, wie sie ihren Tag erlebt – einfach, langsam, gewöhnlich, dankbar. Beim Zuhören wird mir bewusst, dass diese Frau den Rhythmus der Stille lebt.

Schweigen ist
für das Wort
wie ein Netz,
das unter
dem Seiltänzer
ausgespannt ist.

Die Stille in der Öffentlichkeit

Vielleicht schläft das Schweigen nur

Max Picard, der Philosoph, hat ein gewichtiges Buch über die Stille geschrieben. Es trägt den Titel „Die Welt des Schweigens" und ist im Jahr 1948 erschienen. Ich besitze eine Taschenbuchausgabe vom Flohmarkt, der man ansieht, dass viel darin gelesen wurde. Das Buch ist nach vielen Auflagen nicht mehr im Buchhandel zu haben.

Ich verstehe vieles an diesem philosophischen Buch nicht ganz, auch wenn ich auf unserer Reise in die Stille oft darin gelesen habe. Die Betrachtungen, die den Zusammenhang von Sprache und Schweigen darstellen, haben mich nachhaltig beeinflusst. Der Leser, meint der Autor in der Einleitung, soll nicht zu einer „Weltanschauung des Schweigens" gebracht werden. Er soll auch nicht die Sprache gering achten. Der Mensch ist durch das Wort erst Mensch und nicht durch das Schweigen. Aber das Wort verkümmert, wenn es den Zusammenhang mit dem Schweigen verliert.

Max Picard hat von 1888 bis 1965 gelebt. Er studierte Medizin und diente im Ersten Weltkrieg als Lazarettarzt. Ab 1919 lebte er als Philosoph und Kulturkritiker im Tessin.

In seinen Publikationen deutet er die menschliche Existenz, sehr oft mit aktuellem Bezug zur Zeitgeschichte. Aufsehen erregte er mit dem Buch „Hitler in uns selbst".

Max Picard hat manche Entwicklung vorausgesehen. Er befürchtete, dass mit viel „Wortgeräusch" die Verbindung mit dem Schweigen verloren ginge. Was er wohl sagen würde, wenn er den heutigen Umgang mit der Sprache in den Medien und in der Politik beobachten könnte?

Im folgenden Text meint Picard, das Schweigen schlafe nur, es ruhe sich aus. Seine Zeit werde wieder kommen. Ein Gedanke, der mich tröstlich berührt.

Vielleicht ist das Schweigen noch nicht ganz vernichtet, vielleicht ist es doch noch im Menschen, aber schlafend. Denn manchmal geschieht es, dass eine Eigenschaft eines Menschen oder eines Volkes während einer langen Zeit wie tot ist, überdeckt von einer anderen. Die dichterische Kraft eines Volkes kann zum Beispiel lange Zeit wie abgestorben erscheinen, überwachsen von der wissenschaftlichen oder politischen Kraft, aber eines Tages ist sie doch wieder da.

Oder ein Zeitalter ist rationalistisch, so sehr, dass man meint, es gebe nichts anderes mehr als diesen Rationalismus, aber plötzlich ist der Rationalismus verschwunden, es kommt wieder eine antirationalistische Epoche, die metaphysische Kraft im Menschen war nicht zerstört, sie war nicht tot, sie schlief nur. Es scheint, dass von Zeit zu Zeit eine Richtung des Geistes deutlicher, heftiger sich zeigen muss, als sie eigentlich will, damit die andere verborgen sein und sich stärken kann im Ruhen.

Vielleicht ist es auch mit dem Schweigen so, vielleicht ist es nicht tot, es schläft vielleicht nur, es ruht nur aus.

Max Picard

Freundliche Begrüßung

Es ist ein freundlicher Sommermorgen. Ich habe mich sehr früh auf den Weg gemacht, da ich in der nahen Stadt den ersten Zug Richtung Deutschland erreichen will. Kurz vor sechs Uhr komme ich zum Busbahnhof im Nachbardorf. Auf dem Platz herrscht große Stille, kaum ein Geräusch, die Türen des Busses weit offen, kein Passagier, kein Chauffeur, keine Schritte zu hören. Habe ich mich geirrt? Die wunderbar friedliche Stille dieses warmen Sommermorgens vermag ich nur mehr halbwegs zu genießen, denn die Sorge um meinen Reiseplan mischt sich kräftig ein. Die Zeiger der großen Uhr auf dem Platz sagen mir, dass es Zeit wäre abzufahren. Da – wie eine Erlösung – die Schritte des Chauffeurs! Seine freundliche Begrüßung an mich, den einzigen Passagier, löst meinen Bann. Aufatmend kann ich nochmals einen kurzen, intensiven Augenblick lang die Stille in mich aufnehmen. Dann springt der Motor an. Ein guter Start.

In Gemeinschaft

Ich mag das Alleinsein in der Stille, am frühen Morgen, auf Spaziergängen, in meiner Dachkammer. Das stille Dasitzen in der Gruppe habe ich erst spät schätzen gelernt. Es kann eine große Kraft in dieser Stille liegen. Es muss nicht die strenge Form des Meditierens sein. Das einfache Verweilen im Kreis um eine gestaltete Mitte ist schon sehr „wirkungsvoll". Am Anfang mag es noch fremd sein, aber mit der Zeit kann das stille Sitzen eine gute Gewohnheit werden.

Ein französischer Journalist, der ein interessantes Buch über die Stille geschrieben hat, erzählt eine eigenartige Geschichte. Im Rahmen seiner Recherchen sucht er Orte der Stille auf, alte romanische Kirchen, moderne Architektur, wie sie Corbusier im Kloster La Tourette verwirklicht hat.

Bei einem Meditationskurs, der in einer alten Kirche stattfindet, will der Journalist die große Gruppe der Meditierenden fotografieren. Der Leiter gibt ihm die Erlaubnis dazu. So leise, wie es geht, erhebt er sich und geht zum Altar vor, hofft, auf der obersten Stufe eine schöne Gesamtaufnahme machen zu können. Oben angelangt, wendet er sich um und sieht die über hundert Menschen, die regungslos am Boden sitzen. In diesem Augenblick schlägt die Stille, die von ihnen ausgeht, über ihm zusammen. Die „Woge der Stille" sei so gewaltig und die Atmosphäre so dicht gewesen, dass er minutenlang nicht gewagt habe, den Auslöser am Fotoapparat zu betätigen.

Unangenehm

Kürzlich wurde mir wieder einmal bewusst, wie unangenehm Stille werden kann:

Drei Generationen an unserem Tisch. Eine rege Diskussion. Ein Satz, ein Wort, unbedacht in die Runde geworfen – Stille. Betroffenheit hat diese Stille ausgelöst. Eine Stille, in der ich mich nicht wohlfühle, die mich Töne herbeisehnen lässt, klärende Worte, ein Lachen vielleicht … einfach Etwas, das dieser bedrückenden Stille ein Ende setzt.

Noch heute spüre ich diese Unfähigkeit in mir, dieser Art von Stille zu entfliehen!

M.-L. G.

Der besondere Gast

Erstmals nahm ich zwei Bekannte mit mir in ein kleines Häuschen in den Bergen, in das wir uns gemeinsam für ein stilles Wochenende zurückziehen konnten.

Voraus klärten wir in einem Gespräch ab, wie diese Tage aussehen sollten. Auch über anfallende Arbeiten (Verpflegung) haben wir uns geeinigt. Dieser klare Rahmen entlastete uns von vielen Absprachen während des Wochenendes und verhalf der Stille zu größerem Raum.

Nach einer Zeit des Ankommens am ersten Abend nahm die Stille diesen Raum auch zunehmend ein. Ja, es kam uns vor, als sei die Stille wie eine Person, die mit uns lebte. Wir waren also zu viert. Es war eine angenehme, wohltuende und irgendwie bereichernde Gegenwart, die schwer zu beschreiben ist. Selbst wenn wir miteinander ein paar Worte wechselten, blieb die Stille im Raum. Auch auf den Spaziergängen war sie unsere Begleiterin. Bei der Küchenarbeit saß sie mit am Tisch. Diese persönliche Gegenwart der Stille war für uns alle ein eindrückliches Geschenk.

K. A.-K.

Lärm

Auf der Suche nach professionellen Stilleforschern bin ich nicht fündig geworden. Es gibt sie offensichtlich nicht. Aber der Staat beschäftigt Leute, die sich mit der Lärmbekämpfung befassen. Ich habe bei diesen Fachleuten durchwegs interessante Erkenntnisse gewonnen, z. B. wie wichtig auch der Lärm, die Geräusche sein können. Lärm ist ein uraltes Mittel der Angstabwehr. In Ritualen und Gebräuchen, die böse Geister vertreiben sollen, geht es laut zu und her.

Lärm kann auch ein Alarmsignal sein. Der Autofahrer hupt, damit ich mich in Sicherheit bringen kann. Das Kind schreit Zeter und Mordio, wenn es sich weh getan hat.

Man darf den Lärm also nicht nur negativ sehen. Es brauche beide Pole, den Lärm und die Stille, sagen die Lärmbekämpfer des Staates. Stille sei für unsere geistige und körperliche Gesundheit so wichtig wie gesunde Nahrung, reine Atemluft und sauberes Trinkwasser.

Seelisches Wachstum brauche die Stille, Schmerz, Trauer und Enttäuschung können sich wandeln, wenn wir der Seele eine Atmosphäre der Ruhe und Stille gönnen.

Die Stille wirkt sich günstig auf schöpferische Prozesse aus. Ideen können vergären, sich mit anderen Informationen und Erinnerungen vernetzen. Assoziationen kommen in Fluss, neue Konstellationen ergeben sich. Wo keine Stille ist, da ist auch kein Weg. So hat ein Lärmfachmann keck formuliert.

Zelt des Schweigens

Von einem großen Zelt des Schweigens träume ich. Von einem Raum der Stille, nicht für die Ewigkeit gebaut, vielmehr ein Provisorium für ein paar Jahre. Ein sichtbares Zeichen für das, was uns Not tut an der Jahrtausendwende: ein Ort der Erneuerung, der Reinigung. Eine Arche der lebendigen Stille, damit wir nicht untergehen in der Flut der Bilder, der Töne, der Worte.

In das Zelt des Schweigens ziehen wir uns zurück, wenn wir über allen Konflikten und Programmen in eine Sackgasse geraten, wenn die Worte ihre Kraft verlieren, wenn unsere Ohren für die leisen Töne taub werden, wenn wir in unserer Geschäftigkeit das Loslassen und Sich-Beschenken-Lassen verlernen. Im Zelt des Schweigens bekommen unsere Worte wieder Kraft und Glanz. Die Freude an der geschwisterlichen Auseinandersetzung, am Lernprozess, am Widerstand-Leisten und an der Versöhnung wächst. Das Zelt des Schweigens als Provisorium, auf Wanderschaft in den Dörfern und Städten, ein sichtbares Zeichen dafür, dass die Stille zum Leben gehört wie die Nacht zum Tag.

Und wenn die Stille wieder selbstverständlich geworden ist in unserem persönlichen und öffentlichen Leben, dann brechen wir das Zelt ab. Aus dem Tuch schneidern wir Umhängetaschen für Weggefährten mit Platz für Brot und Wein, für Äpfel und Käse. Für unterwegs. Für den Exodus. Für die Wüstentage auf dem Weg zur Oase.

Das Brot der Stille teilen

In Davos treffen sich jedes Jahr über tausend wichtige Personen aus Politik und Wirtschaft zum Austausch. Es sind Besprechungen auf höchster Ebene. Sie können Entwicklungen weltweit beeinflussen.

Jemand müsste in Gegenwart von soviel Mächtigen für die Armen und Entrechteten einstehen und ein Zeichen setzen! So denken ein paar Frauen und Männer aus Davos, und sie haben eine Idee: Sie laden täglich zu einem dreistündigen Schweigen im schönen Chor der Kirche zu St. Johann ein. Es soll ein stiller, aber markanter Kontrapunkt zu dem sein, was im Kongresshaus geschieht.

Ich bin jeden Tag dabei. Es ist beeindruckend zu spüren, welche Kraft und welcher Mut von Menschen ausgehen kann, die in Stille und Gebet um eine Sandkiste mit Kerzen und Steinen versammelt sind. Man „weiß“ in diesem Kreis, dass man ohnmächtig ist und die Welt nicht verändern kann. Und doch ist es gut zusammenzukommen. Es bildet sich wirklich eine Gegenkraft im Geist. Die Stille bekommt in diesem Zusammenhang eine fast subversive Dimension. Es ist keine „säuselnde“ Stille. Es ist die Stille einer nüchternen Besinnung; einer Mahnung auch, die sagt, dass Gerechtigkeit und Solidarität zentrale Anliegen sein müssen, wenn tausend Mächtige über das zukünftige Zusammenleben auf dieser Erde nachdenken und entscheiden.

Die Einladung zu diesem Schweigen findet Beachtung, nicht zuletzt auch darum, weil die Initiativgruppe gute Öffentlichkeitsarbeit geleistet hat. Es ist wichtig, dass solches Schweigen in der Gesellschaft wahrgenommen wird.

Einmal, für eine halbe Stunde sind im Stillekreis die Männer in der Überzahl. Ein gutes Bild, so viele schweigende Männer!

Ich bin froh, diese Form des bewussten Schweigens kennengelernt zu haben. Vielleicht macht es Schule ... und gehört in ein paar Jahren immer dazu, wenn wichtige Konferenzen stattfinden.

Stille-Erfahrungen dieser Art stärken den Durchhaltewillen, geben langen Atem und machen Mut. Es ist das Brot der Stille, das wir teilen. Es nährt und verbindet.

In der Schule

Als Kunsterzieher unterrichte ich an einem Gymnasium. Die sechste Klasse hatte nach einer Kunststunde den Zeichensaal einmal früher aufgeräumt als üblich. Uns blieben noch fünf Minuten bis zum Gong. Die Klasse schaute mich erwartungsvoll an. Was tun bis dahin? Ich schlug etwas vor, was auch für mich bis dahin Neuland war: Wir wollen einmal versuchen, jeder auf seinem Platz sitzend, ganz einfach zu schweigen.

In der nächsten Stunde kam sehr bald die Frage: „Dürfen wir am Ende der Stunde wieder schweigen?“ Ich war überrascht, willigte aber ein, nicht ohne vorher ein Kompliment über das gelungene Schweigen der letzten Stunde zu machen. Nur bat ich die Schüler, dieses Mal auch in ihren Gesten zu schweigen, nicht durch diskrete Zeichensprache Aufmerksamkeit auf sich lenken zu wollen. Das Schweigen sollte – so baten die dreißig Schüler –

länger sein, mindestens zehn Minuten. Wir beendeten rechtzeitig den Unterricht. Auch ich setzte mich auf meinen Stuhl – und alle schwiegen. Ich hatte die Schüler gebeten, sie sollten gegenseitigen Blicken nicht ausweichen, sondern sich völlig natürlich geben, auch nicht den Kopf auf die Arme legen und „wegtauchen". Jeder sollte für jeden präsent sein, aber eben schweigen.

Nach etwa zwei weiteren Stunden in dieser Klasse kam der Vorschlag, einmal eine ganze Schulstunde lang zu schweigen. Ich machte die Schüler darauf aufmerksam, dass dies anstrengender sei, als eine Stunde zu zeichnen oder zu malen. Der Vorschlag, dass man ja beides miteinander kombinieren könnte, wurde rasch verworfen. Aus dem Stehgreif informierte ich ein wenig über die religiöse Bedeutung des Schweigens, zum Beispiel in den kontemplativen Ordensgemeinschaften. Die Jugendlichen wussten selbst erstaunlich viel beizutragen über Meditationstechniken … Nach zehn Minuten die ungeduldige Frage: „Wann fangen wir endlich an zu schweigen?" Es folgte ein Schweigen von 35 Minuten, dem ich mich genauso unterzog wie die Schüler. Man kann das schlecht beschreiben, wie sie dasaßen, unverkrampft, völlig bei sich selbst und wach, offen nach innen wie außen. Und dann, nach dem Gong das ruhige Aufstehen, das fast feierliche Hinausgehen …

K. G.

Endlich

Die Welt tönt und dröhnt
gewaltig gewalttätig grausam –
ich erschrecke und kann mich nicht schützen –
empfinde selbst Musik als aufdringlich –
meine Augen kann ich verschließen –
meine Ohren nicht …

Meine Seele sucht STILLE und Schweigen
ein Schweigen nicht weltfremd:
weltoffen – andächtig – ergriffen:
ein viel-sagendes viel-hörendes Schweigen …
ein Lauschen nach innen
das mir etwas offenbaren will …

Die Zeit steht endlich still
ruht im JETZT
schwerelos – schmerzlos
HIER kann ich SEIN
ein-verstanden – eins mit mir
ruhig still gelassen

JETZT bin ich endlich angekommen. – Früher galt ich als zu schwach und zu sensibel, um dem Kampf ums Dasein zu bestehen … und so wie ich bin, sei ich, nicht gut genug … Erst heute, nach über 70 Jahren, komme ich zu größerer Gelassenheit, zu bewussterem, meditativem Leben, das ich mir oft versagt habe.

HEUTE bejahe ich mein unvollkommenes Leben, das einzig das meinige ist, unwiederholbar, unabänderlich. – Ich möchte, selbst wenn ich könnte, nicht mehr von vorn anfangen.

HEUTE stehe ich gelassener Konflikte durch, ich genieße gute Gespräche über alles …

HEUTE kann ich mich auf mich selbst zurückziehen und dabei glücklich sein: beim Laufen, Wandern, Gärtnern, Gestalten, Werken, Malen, Modellieren, Schreiben, Träumen und Phantasieren, wobei ich wie von selbst – selbstvergessen – still werde.

H. H.

Würde

Wer unterwegs ist, um die Stille zu erfahren, stößt mit Sicherheit auf den Lärm. Ich flaniere besonders gern in der Zürcher Altstadt. Es gibt stille Gassen und beschauliche Ecken zum Verweilen. Aber Baustellen-Lärm gehört auch dazu. Häuser werden gebaut, Wasserleitungen neu verlegt. Das muss sein. Wir alle schätzen die Annehmlichkeiten des modernen Lebens.

Ganz und gar kein Verständnis habe ich für jene, die in der Natur draußen ganze Gegenden verlärmen. Schrecklich, wenn jemand auf einer Bergwanderung das Radio plärren lässt. Es ist ein richtiges Beschädigen und Zerstören der Stille, die ganz aus der Natur kommt. Ich denke an die Stille auf einem Berggipfel, im Wald oder am Meer …

Ich erinnere mich an ein Interview mit einem Kunstmaler, der sich stark mit Natur und Landschaft auseinander setzte. In der Stille komme eine „kosmische Würde" zum Ausdruck. Das gefällt mir. Es gilt, diese Würde zu achten. Und sich selbst gleichzeitig einzufügen in größere Lebenszusammenhänge.

Ein Zitat von Karlfried Graf Dürckheim fällt mir dazu ein, das ich in meinem Tagebuch notiert habe:

„Natur, wo sie ganz bei sich selber ist, hat Stille um sich. So ein Baum, einfach, wie er da steht und gar nichts anderes will. Oder ein Reh, das äst, ganz versunken in einer Weise, Nahrung aufzunehmen. Oder ein Kind, das mit ungeheurem Ernst seinem Spiel hingegeben ist, ganz darin verwoben – da ist diese Stille, Leben bei sich selbst." (in: Ton der Stille, N. F. Weitz Verlag, Aachen 1986)

Gegenwelt

Dass Menschen, die in der Öffentlichkeit stehen, von ihren Stilleerfahrungen berichten, ist eher selten. Der verstorbene Publizist Oskar Reck hat es getan. Er hat auch aufgezeigt, wie leer und wirkungslos politisches Reden wird, wenn es die Verbindung zum Schweigen verliert – zu einem Schweigen, das eine Ausrichtung auf das Wesentliche ermöglicht.

Es war eine erhabene Gunst des Schicksals, zwölf romanische Kirchen Kölns besuchen zu dürfen. Diese Gotteshäuser, so empfand es der fremde Besucher, durchwehte ein Hauch von Ewigkeit. Auch wer nicht zu den tempelfreudigen christlichen Bekennern gehört, spürt an solchen Stätten den Zwang, in sich zu gehen. Die Jagd nach Geld und Erfolg verliert auf einmal ihren Anreiz, weil man inne wird, dass es sehr viel Wichtigeres gibt: Die Menschenwürde setzt das Maß.

Aus der Hektik des Alltags tritt man in die Gegenwelt der Stille. Wer dergestalt mit sich allein ist, hat sich mit keiner irdischen Gesellschaft zu arrangieren und muss weder Schläge austeilen noch Streicheleinheiten erbetteln. Die Stille wirft ihn auf sich selbst zurück. Bei solcher Gelegenheit kann sich dann allerdings erweisen, dass einer zum Hohlkörper geworden ist und also ohne innere Resonanz. Er hat sich entleert und ist nur noch eine Schale ohne Inhalt.

Dieses Schicksal widerfährt denen, die sich im öffentlichen Betrieb bis zur Vollkommenheit verausgaben, ohne je etwas aufzunehmen. Sie kennen am Ende nur noch die Faustregeln der Macht, sind Stoßende und Gestoßene. Doch substanziell ist nichts mehr vorhanden.

Viele Parlamentarier, die mit vollen Terminkalendern und leeren Köpfen von Sitzung zu Sitzung eilen, gehören zur Kategorie der solcherart Ausgelaugten. Es mag wohl sein, dass sie vor Jahr und Tag ihr vom Volk empfangenes Mandat in bester Absicht antraten. Nur brachten sie dann den Mut und die Kraft nicht auf, sich dem Wesentlichen zu verpflichten und alles beiseite zu lassen, was sie zersplitterte. So kam es zu jenen Erosionsprozessen, die aus Befähigten Mittelmäßige und aus Mittelmäßigen lahme Enten machten.

Doch es gibt noch immer auch jene andere Kategorie, der die Nachdenklichen zugehören. Sie lassen sich nicht willenlos vom politischen Betrieb vereinnahmen, sondern sind souverän genug, ihren eigenen Rhythmus zu bestimmen. Ihnen ist geläufig, dass die Rastlosigkeit allein der Politik nicht weiterhilft. Kreativ kann ein Mensch nur sein, wenn er sich Muße gönnt. Er muss sich die Gelegenheit verschaffen, Einkehr zu halten.

Auf diesem Punkt mag es erlaubt sein, auf Beobachtungen und Erfahrungen zurückzugreifen, die in Kölns romanischen Kirchen zu sammeln waren. Dort sind wir Leuten begegnet, die ihre Einkaufstour oder sonstige alltägliche Beschäftigungen unterbrachen, ein Gotteshaus betraten und in sich gingen. Für ein paar Minuten waren sie der Routine entrückt, und es eröffnete sich ihnen die Chance, über ihre Existenz und den Sinn ihres Tuns nachzudenken.

Kirchen als Stätten der Begegnung mit sich selbst: Sie stehen nicht nur Gläubigen offen, sondern auch Agnostikern, die inneren Halt suchen. Wir alle sind einer höheren Macht gewiss, die über uns waltet, auch wenn wir sie nicht benennen mögen. Das lateinische Wort „religio" heißt schlicht und einfach Bindung, und es gibt sie für die meisten, ob sie nun einer Glaubensgemeinschaft zugehören oder nicht.

Natürlich braucht man keineswegs in ein Gotteshaus zu treten, um sich sammeln zu können. Das ist auch im eigenen Wohnzimmer möglich, in einem Wartesaal oder während einer Bahnfahrt. Doch jede Kirche, die man betritt, lädt förmlich dazu ein, sich zurückzuziehen. An solcher Stätte findet sich nichts, das uns abzulenken versucht. Wir sind förmlich genötigt, Maß an uns zu nehmen.

Je aktiver wir im öffentlichen Leben stehen, desto größer ist unser Bedarf, Gewissheit zu erlangen, ob das Orientierungsvermögen noch intakt sei. Sind wir imstande, unseren Hang zu opportunistischem Verhalten zu zügeln? Bringen wir die Kraft auf, der Stimmungsdemokratie mit eigenen, vielleicht sehr unpopulären Ansichten zu begegnen? Das ist immer wieder eine kapitale Gewissensfrage. Wenn wir den Mut nicht mehr aufbringen, uns ihr zu stellen, wird für uns die Meinungsäußerungsfreiheit belanglos.

Vermutlich ist unsere größte gesellschaftliche Schwäche, dass zu viele sich zu rasch und bedenkenlos arrangieren, und dies hängt mit der Unfähigkeit zusammen, in sich hineinzuhorchen. Die mahnende innere Stimme wird überhört. Wer sich noch die Mühe nimmt, einen Morgen lang parlamentarische Debatten zu verfolgen, und wer die Reden einzelner Regierungsvertreter auf ihre Substanz abklopft, wird rasch inne, wie oberflächlich es da zugeht. Was fehlt, ist jenes Engagement, das nur aufgebracht werden kann, wenn ihm Nachdenklichkeit vorausgeht. Orte der Stille, wie Kirchen sie sind, werden mehr und mehr verschmäht. Die öde Betriebsamkeit ist unser eigentliches Verhängnis.

O. R.

Der leere Raum

Vor Jahren las ich in einer Luzerner Zeitung eine interessante Glosse zu Stille und Leere im öffentlichen Raum. Der Autor, Architekt von Beruf, plädierte darin für „unbesetzten Raum“, der nicht durch private Interessen beansprucht werden darf. Zu sehr seien heute öffentliche Plätze durch spezifische Funktionen besetzt: Straße, Parkplatz, Sportplatz, Spielplatz, Fußgängerzonen. Und dann kommen noch die Event-Manager, die sich oft mit großem Klamauk breit machen und Freiraum wegnehmen.

Es stimmt, dass wir vor allem in den Städten kaum mehr Plätze und Räume finden, die nicht nur materiell leer sind, sondern auch inhaltlich, also keinen Zweck, keine Bestimmung haben. Wir lieben es, alles nach Nützlichkeit zu vermessen und zu bezeichnen.

Das ist vielleicht das Befreiende am Wandern in abgelegenen Gegenden, etwa in den touristisch nicht erschlossenen Bergregionen: Sie schreiben uns nichts vor.

Der Glossist schließt mit den sehr bedenkenswerten Gedanken: „Die Stadt als Lebensraum muss stille und leere Räume anbieten, die dem einzelnen jederzeit die Freiheit lassen, ein Stück Eigenheit hineinzutragen oder gerade in der Leere und in der Stille ein Stück Eigenheit zu entdecken. Das eine wie das andere kann bedeuten, ein Stück Heimat zu finden."

Im Gemeindesaal

An Jahresversammlungen öffentlicher Körperschaften und Vereine ist es üblich, für jene Mitglieder, die im Laufe des Jahres verstorben sind, eine Gedenkminute zu halten. So geschieht es auch heute Abend. Die Männer und Frauen erheben sich und verharren schweigend in der Stille. Ich habe solche Momente immer sehr geschätzt. Es liegt eine Würde darin. Auch Menschen, die sonst kaum die Stille aufsuchen, scheinen ganz da zu sein, ernst und besinnlich.

Heute Abend ist es nochmals anders. Der junge Mann, ein Mitglied der Rechnungsprüfungskommission, an den wir uns erinnern, ist nicht eines natürlichen Todes gestorben, er hat sich mit dem Sturmgewehr umgebracht. Davon wird nicht gesprochen. Es ist nur diese einfache, formelhafte Aufforderung des Präsidenten, des Verstorbenen zu gedenken. Und doch fühlt sich die Stille dieser Minute so ganz anders an. Sie ist angefüllt mit der Tragik dieses jungen Lebens und mit der so ernsten Frage an uns, warum wir diesen Tod nicht verhindern konnten. Ich spüre fast körperlich, wie die Menschen vor und neben mir dasselbe denken und fühlen. Wie störend wären da Worte gewesen! Das stille Verweilen ist die einzig adäquate Form des Gedenkens. Wie gut, dass uns dieses Ritual geblieben ist.

Das Netz

„Schweigen ist für das Wort wie ein Netz, das unter dem Seiltänzer ausgespannt ist“, sagt Max Picard. Schweigen ist bezogen auf das Sprechen. Wer schweigt, hat vorher gesprochen. Der Fluss seiner Worte ist zum Stillstand gekommen oder versickert oder gestoppt worden. Wer schweigt, ist weiterhin bereit, früher oder später das Wort wieder zu ergreifen. Wer schweigt, lebt weiterhin im Wort, in der Sprache, aber sein Umgang mit der Sprache braucht oder findet im Augenblick keinen Ausdruck, der mit den Ohren vernehmbar ist. Vielleicht braucht die Sprache Zeit zur „Erholung“. Aber sie ist da. Sie kann sich anders bemerkbar machen als durch Reden. Ich kann zum Beispiel, was ich gerade tue, mich ausdrücken im Schreiben. Ich kann nachdenken, einen inneren Monolog führen, bei Wörtern und Sätzen verweilen. Und ich kann lesen. Es gibt auch ein sehr sprachvolles Schweigen mitten im Gespräch. „Das Schweigen droht zu platzen ob dem Druck der Worte, die nicht gesprochen werden“, heißt es in einem Aphorismus von Fritz Oser. Es braucht ein gutes Gespür, um zu wissen, wann in einem Gespräch das Schweigen gebrochen werden sollte. Andererseits müssten wir lernen, dass Schweigepausen nicht peinlich sein müssen. Denn wir haben uns in unserer westlichen Kultur doch daran gewöhnt, dass Gespräche fließen sollten, ohne Unterbruch. Wieso eigentlich?

Ich habe nach wortreichen Sitzungen und Tagungen fast körperlich das Bedürfnis wegzurennen ins Schweigen, in die Stille. Es kommt mir dann vor, zur Sprache gehöre das Schweigen wie die Nacht zum Tag, wie der Winter zum Sommer, wie das Einatmen zum Ausatmen …

Langsam wieder eintauchen

Der Verlust der Stille in mir und außerhalb hat mich viele Jahre bedrängt. Ich konnte lange nicht begreifen, noch herausfinden, warum ich nicht mehr richtig dasitzen konnte, um mich einfach vom Ticken der Wanduhr einlullen zu lassen, wie früher, als ich noch ein Kind war. Als Kind der Berge wusste ich sehr gut um das Wesen der Stille.

Dann kam die Welt des Berufslebens. Ich arbeitete 35 Jahre lang als Krankenschwester an der Basis, wo alle Fäden zusammen liefen; die meiste Zeit in einem großen Unispital. Das Arbeitstempo wurde immer schneller, die Zeit, um die Aufgaben zu erfüllen immer weniger – und für Zwischenmenschliches gab es schon gar keine Zeit mehr. Eine ruhige Mahlzeit, eine kurze Atempause, ein Gespräch, das diesen Namen verdient, all dies verschwand langsam aus dem Zeitplan. Die Planer vom Bürotisch haben alles „Unrentable“ wegrationalisiert. Ich wurde ständig hin- und hergerissen zwischen dem, was war und dem, was nach meinem Empfinden hätte sein sollen …

Auf der Suche nach der Stille bin ich manchmal stundenlang im Eiltempo durch den Wald gelaufen, bis die Unruhe von mir abfiel und ich zurück kam zu meinen Füßen, die den Boden berührten.

Um mir in meiner Bedrängnis etwas Erleichterung zu verschaffen, fing ich an, die Gedanken, die mich so aufwühlten, aufzuschreiben. Ich warf die Texte am Anfang gleich wieder weg. Mit der Zeit bekam ich Freude am Schreiben. Aber es genügte noch nicht. Auf der Suche nach der verlorenen Stille besuchte ich Meditationskurse mit wochenlangem Schweigen, T'ai Ji-Kurse und Trainings aller Art in diese Richtung.

Nun bin ich 65, habe das Berufsleben hinter mir, übe täglich T'ai Ji, nehme mir viel Zeit für schöpferisches Tun. Langsam tauche ich wieder ein in die Stille des Universums. Und in das einlullende Ticken der Wanduhr.

C. W.

Hartes Brot

Ich will erzählen von einer Stille, die mich überrascht hat. Ich war nicht vorbereitet für diese Begegnung. Es war an einer Beerdigung. Ein junges Paar aus dem Bekanntenkreis verlor sein Kind an einer heimtückischen Krankheit. Keine einfache Aufgabe für den Pfarrer, die passenden Worte zu finden. Welche Worte können Trost spenden? Wird nicht alles hohl klingen? Gibt es überhaupt „richtige Worte“? „Es hat Gott dem Allmächtigen nicht gefallen ...“ begann einst Kurt Marti eine Abdankung.

Der Pfarrer, ein Freund der Familie, wusste um die Brüchigkeit der Worte, die bei solcher Gelegenheit gesprochen werden. Er bemühte sich gar nicht um Worte des Trostes. Er verstärkte eher noch das Gefühl der Ohnmacht, des Nicht-verstehen-könnens. Und dann zog er aus einem Stoffsack altes Brot, harte Scherben und gab allen Anwesenden ein Stück in die Hand. Und wir sollten ein Stück von diesem harten Brot kauen, oder wenigstens versuchen. Und dann war er mit seinem Latein am Ende. Es war auch gar nicht nötig zu sprechen. Alle verstanden diesen symbolischen Akt. Es war so passend. In ganz dichter Stille kauten wir an diesem Brot. Mehr nicht. Aber es war verbunden mit ganz starken Gefühlen.

Seither weiß ich, dass die Stille, das Schweigen, in bestimmten Situationen das einzig Richtige ist.

N. N.

Kultur der Stille

„Ich atme Schweigen. Es ist so wichtig für mich wie Brot. Ich brauche die Stille, um Mensch zu sein."

Das schreibt eine 18-jährige Schülerin, die an ihrer Schule die Meditation kennenlernte. Ich höre und lese in letzter Zeit vermehrt von Lehrkräften, die Schülerinnen und Schüler mit Erfolg zur Stille führen. Hoffnungsvolle Zeichen für die zunehmende Hinwendung zur verändernden Kraft der Stille? Ist der Lärmpegel so angestiegen und die Geschäftigkeit so groß geworden, dass in den Augen vieler nur noch eine radikale Gegenkraft helfen kann?

Vor Jahrzehnten berichtete Graf Dürckheim von der „Kultur der Stille", die er in vielen Teilen der japanischen Lebensart entdeckt hatte. Die tiefe Weisheit des Stilleseins gehe aber auch uns westliche Menschen an. Und unsere Zeit hätte sie bitternötig.

Ist uns diese Kultur abhanden gekommen? Eine Unterscheidung zum Begriff der Kultur könnte weiterhelfen. Wir reden von Kultur im Zusammenhang von Bauen, Kunst und Handwerk. Der Mensch ist der Schöpfer von Kultur. Wir haben eine „Kultur des Werkes". Im Osten dagegen bringt Kultur den Menschen in seine Mitte, wo die Gewichte neu gesetzt werden. Die menschliche Leistung ist zwar nicht unwichtig, aber sie wird nicht absolut gesetzt. Ein größerer Sinnzusammenhang wird sichtbar. Der Mensch bekommt „Seinsfühlung mit dem größeren Leben". Diese Kultur, die sich in der Gartengestaltung ebenso wie in der Teezeremonie ausdrückt, misst sich nicht an dem, was sie hervorbringt. Es ist eine „Kultur des inneren Weges", meint Graf Dürckheim.

Die Schülerin, die schreibt, dass sie die Stille zum Menschsein brauche, hat vielleicht intuitiv etwas von diesem inneren Weg verstanden. Und doch bleibt eine gewisse Skepsis, wenn ich obige Gedanken von Dürckheim bedenke. Wo könnten wir anknüpfen, wenn wir eine im westlichen Kontext gewachsene Kultur der Stille suchen? Vielleicht in der kontemplativen Tradition der Orden. Der Gregorianische Choral, der ganz aus der Stille kommt, übt auf Menschen unserer Zeit eine große Faszination aus.

Die Suche nach einer neuen Kultur der Stille ist in erster Linie eine Frage nach meiner Lebensart. Verdränge ich die Stille oder gehört sie selbstverständlich dazu?

Kenne ich Orte der Stille in meinem Umkreis, und suche ich sie auf?

Sind mir in privaten oder beruflichen Gesprächen Pausen peinlich oder halte ich sie aus, weil ich weiß, dass Stille ein Gespräch bereichern könnte?

▪ Wenn junge Menschen in ihren eigenen vier Wänden eine Meditationsecke einrichten, dann hat die Stille eine Chance.

▪ Wenn die Idee von „Hördiät“ und „Ohrenfasten“ die Runde macht, dann ist ein guter Anfang gesetzt.

▪ Wenn der Mythos der Schnelligkeit verblasst und viele die Langsamkeit entdecken, kommt die Stille wieder zu ihrem Recht. Eile und Stress sind Feinde der Stille.

▪ Wenn in einem öffentlichen Gespräch ein Schriftsteller sagt, er möchte zuerst ein paar Momente in Stille über die gestellte Frage nachdenken, dann besteht Anlass zur Hoffnung, dass eine Kultur der Stille im Wachsen ist.

Eine gute Chance hätte eine neue Kultur der Stille in unseren Kirchen. Einerseits sind die Räume da, die Kirchen, die Kapellen und Klöster. Es gilt, sie als besondere Orte der Stille, die allen zugänglich sind, zu entdecken. Andererseits ist die Vorstellung, dass uns die christliche Botschaft auf einen Weg schickt, nicht fremd, im Gegenteil. Es ist ein innerer Weg, ein geistlicher (für einige gar ein mystischer), und es ist ein äußerer Weg der Tat. Dass dieser Weg in der Stille vor Gott seine Mitte hat, Anfang und Ende, wüssten wir eigentlich.

Die Reise geht weiter

Die Stille hat viele Facetten, wer sie erforschen will, kommt nicht so schnell an ein Ende. Sie überrascht einen immer wieder und zeigt sich von ungewohnter Seite, nicht selten auch mitten im Lärm. Voraussetzung für Begegnungen mit der Stille ist Achtsamkeit und die Fähigkeit, auf leise Töne zu horchen.

Wenn Sie, liebe Leserin, lieber Leser, eine Reise in die Stille vorhaben, kann der Fragenkatalog, von dem eingangs die Rede war, vielleicht eine Starthilfe sein.

Wohin gehe ich, wenn ich das Bedürfnis nach Stille habe?

Gibt es im Haus oder draußen einen oder mehrere bevorzugte Orte der Stille?

Gibt es Gegenden oder ein Land, das ich mit Stille in Verbindung bringe?

Wir sind umgeben von Geräuschen und Tönen aller Art. Welche Töne tun mir gut, locken mich in heilsame Regionen, regenerieren mich – und welche ärgern, quälen, töten?

Welche Art von Stille ist mir unangenehm? Tut mir nicht gut?

Bin ich in meinem Alltag zu bestimmten Tages- oder Jahreszeiten besonders für die Stille empfänglich?

Welche öffentlichen Räume (Kirche, Bibliotheken, Wartesäle, Altstadtquartiere, Plätze, Parkanlagen) ziehen mich an, weil sie noch Stille um sich haben?

Gibt es eine zunehmende Belärmung, oder entstehen ganz neue Stille-Orte?

Die Mitreisenden

Die meisten Texte in diesem Buch sind Erstveröffentlichungen. Ich möchte die Autorinnen und Autoren kurz vorstellen. Viele unter ihnen gehören zu den „Stilleforschern" der ersten Stunde, andere sind später dazu gekommen.

Die Titelgeschichte (S. 14) stammt von *Claudia Murer-Rusterholz*. Sie ist Mutter und Hausfrau, verfasst Gedichte und ist journalistisch tätig. *Josef Osterwalder* (S. 47) ist Buchautor und Redaktor bei einer großen Tageszeitung in der Ostschweiz.

Zum Autorenteam gehören zwei Ärzte: *Hans Hartkopf* (S. 88) lebt in Solingen und ist seit einiger Zeit im Ruhestand, *Frank Fischer* (S. 29) wohnt mit seiner Familie in der Nähe von Zürich. *Otto Spirig* (S. 44, 64) lebt in Bern als vielseitiger Künstler und Therapeut. *Katharina Althaus-Kropf* (S. 47, 84) und *Maja-Lina Gottier Rechsteiner* (S. 83) sind in der Erwachsenenbildung tätig, mit Schwerpunkt Meditation und Spiritualität. *Mathilda Hess* (S. 66) und *Luitgard Ege* (S. 62) sind Religionspädagoginnen. *Peter Studler* (S. 34) ist Pfarrer und Schriftsteller. *Stefan von Rüden* (S. 24) arbeitet als Klinikseelsorger in der Nähe von Heidelberg und *Brigitte Schnellmann* (S. 46, 71) als Sozialarbeiterin in einer Zürcher Pfarrei. Weitab von den Großstädten, zuhinterst im Großen Walsertal in Vorarlberg, lebt *Susanne Türtscher* (S. 50) als Bergbäuerin, Mutter und als kreative Floristin.

Elisabeth Sailer-Weiss (S. 30, 33, 43) ist Atempädagogin in St.Gallen, *Claudia Senn-Feurer* (S. 22) ist schriftstellerisch tätig und ermutigt andere zu Schreiben. *Walter Bosshart* (S. 23) lebt im Ruhestand und kann auf ein reiches Arbeitsleben im Bildungssektor zurückblicken. *Anny Essig* (S. 28) wohnt in der Nähe von Basel und macht sich gern Gedanken zu Alltagserfahrungen. *Nicole Büser* (S. 67) ist Amerikanerin und lebt und arbeitet seit langem in Deutschland. *Caroline Walker* (S. 96) ist Krankenschwester im Ruhestand. Mehr über sie erfährt man in ihrem Beitrag. *Armin Beeli* (S. 73) arbeitete bis zu seinem Tod als Psychotherapeut in Luzern.

Reisen im wörtlichen Sinn ist für mehrere AutorInnen wichtig. Die Beiträge von *Dorothea Ammann* (S. 40) und *Herbert Schmon* (S. 42) sind unterwegs entstanden, ebenso jene von *Els Humbel* (S. 20, 65), die den Jakobsweg unter die Füße nahm.

Karlhorst Gessenharter (S. 87) ist Kunsterzieher im Allgäu. *Roger Moser* (S. 48) ist Philosoph und lebt in der Nähe von Flüeli-Ranft. *Nigel Halfhide* (S. 55) ist Musiker und führt in seiner Praxis Menschen zu elementaren Stimm- und Ton-Erfahrungen. Sein Beitrag erschien erstmals in der Zeitschrift ZEIT•PUNKT.

Anton Rotzetter (S. 69) ist vielbeachteter Autor spiritueller Bücher und langjähriger Sprecher des „Wort zum Sonntag" am Schweizer Fernsehen.

Daisy Reck hat uns in verdankenswerter Weise den Beitrag ihres Mannes (S. 91) zum Abdruck überlassen.

Drei Verfasser von Beiträgen möchten anonym bleiben. Nicht bezeichnete Texte stammen von Bruno Dörig, einige davon sind dem vergriffenen Geschenkheft „Schenk dir Stille" (Verlag am Eschbach, 1991) entnommen.

Allen, die zu diesem Buch beigetragen haben, durch Texte und anregende Gespräche, sei herzlich gedankt.

Textquellen

Marysé Bode, „Jeder Mensch/hat seine ureigenste Stille" (S. 9), Stille Zeit („Jetzt/still sein können", S. 39), © bei der Autorin.

Josua Boesch, „Zu viele Bilder und Worte" (S. 61), aus: ders., Morgendämmerung, © noah-verlag, Oberegg, 2. Auflage 1999.

Gisela Dreher-Richels, Schweigen („Ganz stumm werden", S. 19), aus: dies., Spur im Sand, © Verlag Aktuelle Texte GmbH, Heiligkreuztal, 4. erweiterte Auflage 1996.

Max Picard, „Vielleicht ist das Schweigen" (S. 81), aus: ders., Die Welt des Schweigens, © Eugen Rentsch Verlag, Zürich 1948.